乡村振兴集成示范战略研究成果系列
总主编：宋宝安

西南山区
乡村振兴发展战略与实践路径

——以四川为例

中国工程院"四川乡村振兴集成示范试点村的战略研究"课题组
刘永红　等 ◎ 著

中国农业出版社
北　京

著 者 名 单

刘永红　许钰莎　何　鹏　蒋　俊
王自鹏　宋　梅　汪　君

民族要复兴，乡村必振兴。党的二十大强调"全面推进乡村振兴"，"坚持农业农村优先发展，坚持城乡融合发展，畅通城乡要素流动。加快建设农业强国，扎实推动乡村产业、人才、文化、生态、组织振兴"。全面推进乡村振兴、加快农业农村现代化、建设农业强国，这是全面建设社会主义现代化国家的重大决策部署，是新时代新征程农业农村现代化的主攻方向，也是全面推进乡村振兴的重大任务。

西部地区作为全国占地面积最大和经济发展水平相对较低的地区，既是我国重要生态屏障和能源接续地，也是打赢脱贫攻坚战后有效衔接乡村振兴、推进共同富裕的重点难点区域。更好推动西部乡村振兴，事关中国式现代化建设全局，具有重要现实意义和深远历史意义。经过改革开放40多年的跨越式发展，西部乡村地区的各项事业取得了丰硕的成果。同时，在中国式现代化建设中奋力谱写西部大开发新篇章的背景下，西部广大乡村地区面临千载难逢的发展时机和发展窗口。

在中国工程院的大力支持下，通过"西南山区乡村振兴集成示范试点村的战略研究"课题，针对西南山区经济发展、社会治理、生态环境、文化传承等方面面临的难题，以试点乡村为"小切口""小环境"，突出问题导向，对现有政策、项目、资金进行全面整合升级，打造改革创新的"试验田"、政策集成的"小特区"，探索可复制、能推广的经验做法，为走出一条西部地区一般乡村全面振兴的有效之路提供有益参考。在完成"西南山区乡村振兴集成示范试点村的战略研究"课题的基础上，中国工程院又通过"西部地区乡村全面振兴路径研究"重点项目资助，将乡村振兴研究范围扩大至中西部13个省份，重点在现代化人才支撑、乡村产业体系构建、科技赋能助力西部乡村振兴等方面开展研究，探索西部地区乡村全面振兴的有效路径与策略。

乡村振兴集成示范战略研究成果系列中的《贵州山区乡村振兴特色报告》通过调研贵州省11个乡镇的9个省级特色田园乡村和7个非示范村的产业发展现状、基础条件、优势潜力、发展愿景等，提炼出不同类型村庄发展的经验路径，总结出可复制、能推广的贵州一般乡村振兴发展模式。《西南山区乡村振兴发展战略与实践路径——以四川为例》以四川乡村振兴示范试点村为"小切口"，以实地调研为基础，紧扣乡村振兴五大目标，梳理四川乡村现状与区域布局，总结四川乡村振兴主要成效，剖析四川乡村振兴的发展环境与主要问题，提炼乡村振兴典型经验。《西南山区乡村振兴发展战略与实践路径——以云南山区为例》立足云南美丽乡村建设，突出云南高原特色农业发展战略，挖掘云南丰富的生态资源、生物资源和乡村民族特色。《西南山区乡村振兴发展战略与实践路径——以贵州山区为例》针对贵州9个地州市136个乡村振兴集成示范村及非示范村，探究乡村振兴建设成效与发展现状，归纳出五类乡村振兴发展模式，总结贵州乡村振兴发展的解决方案及经验。将几个地区的经验总结提炼成《西南山区乡村振兴集成示范试点村的战略研究》总报告。

祝贺该套丛书的出版，希望该套丛书能为西部乡村振兴相关研究提供有益借鉴和参考，也希望该套丛书的出版能引起更多的人关注并投身于西部乡村振兴的发展实践中，共同为加快推动我国乡村振兴高质量发展献计献力。

2024 年 4 月 25 日

　　长期以来，乡村在维系我国社会秩序、稳定民生方面发挥着不可替代的重要作用，乡村是我国社会的重要基石，是我国最大的国情。但由于社会治理结构和乡村结构的变化，农业的土地产出率和劳动生产率增长缓慢，现代教育面向城市、工业和服务业，乡村失去人才发挥作用的土壤，资本、精英向城市流动，乡村文化弱化和贬值，乡村逐渐成为中国现代化的洼地。然而，乡村的衰落并不意味着乡村的消失，相反，随着现代化进程的推进，乡村的重要性越来越凸显。首先，虽然我国城镇化率已突破65％，但是依然有近5亿人口生活在乡村。其次，城市在经历了高速扩张后，开始面临发展瓶颈，各类"城市病"导致"逆城市化"的先锋们开始选择重返乡村生活。

　　现阶段，我国农业农村工作不仅需要补齐人才、资金、技术等方面存在的短板，还需要在基础设施、公共服务、环境治理等方面发力，也需要应对农业质效不高、城乡发展失衡、乡村环境污染和生态退化等诸多挑战，迫切需要以全面推进乡村振兴为引领，促进农业、农村、农民全面发展，推动农业农村与全国同步实现现代化。针对以上新形势和新要求，党的十九大报告正式提出乡村振兴战略，党的二十大报告进一步将全面推进乡村振兴作为全面建设社会主义现代化国家的重要内容，农业农村工作站在了新的历史起点上。

　　全面推进乡村振兴，必须要立足我国实际农情，构成乡村的基本单位——村庄，是我国乡村振兴战略实施的重要抓手和着力点。村庄高质量发展是乡村振兴的重要组成部分。村庄的主要产业是农业，要实现村庄高质量发展，必须推动乡村产业高质量发展，村庄的发展与乡村产业兴旺在目标上具有高度一致性。村庄是我国传统农耕文明的基本单位，在我国几千年的发展历程中，村庄不仅是人民生活的重要场所，更是传统文化、经济和社会规则的孵化地，乡村产业兴旺、生态宜居、乡风文明、治理有效、生活富裕的实现均要依靠村庄的高质量发展。

　　村庄是乡村的基本细胞，也是实施乡村振兴战略和进行农村研究的基本单位，在城镇化和工业化快速发展的背景下，存在城乡、区域发展不平衡的现实矛盾。《乡村振兴战略规划（2018—2022年）》明确指出，要根据村庄发展现状、区位条件和资源禀赋等要素"分类推进乡村振兴",因地制宜、分类施策是现代化和村庄发展规律,也是实施乡村振兴战略的基本原则。只有在充分认识和解析不同类型村庄特点的基础上,才能有针对性地制定乡村振兴战略实施的路径与策略,避免"一刀切"。

为破解西南地区经济发展、社会治理、生态环境、文化传承等方面的难题,以乡村振兴示范试点村为"小切口""小环境",探索可复制、能推广的乡村振兴典型模式和经验,为西南地区乡村全面振兴奠定基础,中国工程院于 2022 年启动了由中国工程院院士、贵州大学党委副书记、校长宋宝安教授牵头主持的重大战略研究与咨询项目"西南山区乡村振兴集成示范试点村的战略研究"。四川省农业科学院党委委员、副院长、院首席科学家刘永红研究员负责主持四川省课题,并率领团队于 2022 年 3—8 月赴四川省宣汉、平昌、安岳、彭州、蒲江、昭觉、布拖、盐源、壤塘、甘孜等地进行实地走访及调研。

课题紧扣乡村振兴五大目标,按照产业兴旺、生态宜居、乡风文明、治理有效、生活富裕的总体要求,通过统计数据及调研问卷,比较分析了四川省乡村区域布局、主要成效,总结提炼了乡村振兴的典型经验,在统筹考虑区域差异及发展条件的基础上,将四川省划分为平原、盆地、山地、高原四个分区,以村为抓手,探索不同类型村庄的发展路径与发展目标,促进土地利用、生态保护、特色产业、空间建设有机融合,总结了可复制、能推广的不同类型的乡村全面振兴的典型模式和经验,编写了《西南山区乡村振兴发展战略与实践路径——以四川为例》一书。希望本书能为乡村振兴相关研究提供有益借鉴。

著　者

2023 年 11 月

目录
CONTENTS

1

第一章 引 言

自党的十九大提出实施乡村振兴战略以来，在党中央、国务院的坚强领导下，我国乡村振兴的战略框架、制度体系、政策体系等不断完善，乡村产业、人才、文化、生态和组织全面发展，农村发展短板加快补齐、农民收入水平不断提高、城乡融合发展有序推进，乡村振兴取得了初步成效。我国乡村发展已经进入了结构升级、方式转变、动力转换的关键时期，逐步迈入提升农业自我发展能力、提高农民综合素质和改善农村发展环境的新阶段。

"十四五"时期既是我国全面实施乡村振兴战略的发力期，也是全面建设社会主义现代化国家的关键期，但现在全面实现乡村振兴的基础还较弱、条件还较差，如乡村产业、公共服务、人才支撑等方面还存在短板。而没有我国农业农村现代化就没有我国的全面现代化，因此，以进入新发展阶段、贯彻新发展理念的变革逻辑为导向，构建全面推进乡村振兴的农业农村现代化新发展格局，无疑是一个重大的时代命题。

第一节 全面推进乡村振兴的背景

一、经济发展进入转型期

2020 年我国经济总量首次超过 100 万亿元。2021 年经济总量达到 114.4 万亿元，人均 GDP（国内生产总值）也首次突破 8 万元，达到 80 976 元，迈过了 1 万美元的门槛，城镇化率达到 64.72%，农业就业人口和农业 GDP 占总人口及 GDP 的比重分别降到了 25% 及 7%，表明我国基本完成了农业文明向工业文明的转型，已经整体步入了工业化后期。发达国家的经验表明，在迈向高收入国家的阶段（人均 GDP 为 1 万~2 万美元时期），可以利用经济增长红利推动农业农村发展，带动农业农村进入现代化转型的快车道。在新环境及新背景之下，乡村振兴是构建"双循环"发展格局的重要手段，一方面，农民收入水平提升和农村社会事业发展将释放大量投资和消费需求，有利于培育完整的内需体系；另一方面，我国是全球第一大农产品进口国和第五大出口国，农产品进出口在平衡国际贸易收支和满足人民生活需求等方面发挥着重要作用。因此，在经济发展进入转型的关键时期，迫切需要充分挖掘农业农村发展潜力，推动乡村振兴和城乡融合，用好"两个市场、两种资源"，增强我国产业链和供应链韧性。

二、工业反哺农业进入关键期

改革开放以来，我国经济社会飞速发展，经济稳步增长、社会长期稳定，社会主要矛盾已经转变为人民日益增长的美好生活需要和不平衡不充分发展之间的矛盾，而城乡发展不平衡是我国发展不平衡的突出表现，这种失衡超出一定限度就会对社会经济全局稳定构成威胁，因此它是我国需要解决的紧迫性重大问题。2021年，我国城镇居民收入和支出仍分别是农村居民的 2.50 倍和 1.90 倍（见表 1－1），非农产业劳动生产率为 18.51 万元/人，而农业只有 4.87 万元/人（如图 1－1 所示）。因此，迫切需要坚持工业反哺农业、城市反哺农村，走中国特色乡村振兴道路，优先发展农业农村，确保农业农村在我国现代化进程中不掉队。

表 1－1　2000—2021 年城乡居民收入及消费情况

年　份	农村居民人均可支配收入（元）	城镇居民人均可支配收入（元）	城乡居民收入比	城镇居民人均消费支出（元）	农村居民人均消费支出（元）	城乡居民消费比
2000 年	2 282	6 256	2.74	5 027	1 714	2.93
2001 年	2 407	6 824	2.84	5 350	1 803	2.97
2002 年	2 529	7 652	3.03	6 089	1 917	3.18
2003 年	2 690	8 406	3.12	6 587	2 050	3.21
2004 年	3 027	9 335	3.08	7 280	2 326	3.13
2005 年	3 370	10 382	3.08	8 068	2 749	2.93
2006 年	3 731	11 620	3.11	8 851	3 072	2.88
2007 年	4 327	13 603	3.14	10 196	3 536	2.88
2008 年	4 999	15 549	3.11	11 489	4 054	2.83
2009 年	5 435	16 901	3.11	12 558	4 464	2.81
2010 年	6 272	18 779	2.99	13 821	4 945	2.79
2011 年	7 394	21 427	2.90	15 554	5 892	2.64
2012 年	8 389	24 127	2.88	17 107	6 667	2.57
2013 年	9 430	26 467	2.81	18 488	7 485	2.47
2014 年	10 489	28 844	2.75	19 968	8 383	2.38
2015 年	11 422	31 195	2.73	21 392	9 223	2.32

（续）

年　份	农村居民人均可支配收入（元）	城镇居民人均可支配收入（元）	城乡居民收入比	城镇居民人均消费支出（元）	农村居民人均消费支出（元）	城乡居民消费比
2016 年	12 363	33 616	2.72	23 079	10 130	2.28
2017 年	13 432	36 396	2.71	24 445	10 955	2.23
2018 年	14 617	39 251	2.69	26 112	12 124	2.15
2019 年	16 021	42 359	2.64	28 063	13 328	2.11
2020 年	17 131	43 834	2.56	27 007	13 713	1.97
2021 年	18 931	47 412	2.50	30 307	15 916	1.90

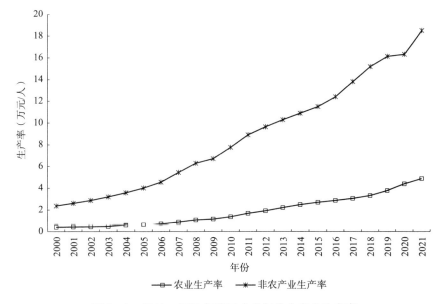

图 1-1　2000—2021 年我国农业与非农产业生产率

三、全面乡村振兴具备了启动条件

从社会发展能力看，2021 年我国乡村人口占比降到了 35.28％，第一产业就业占比降到 22.90％，第一产业增加值占比下降到了 7.20％（如图 1-2 所示），已经具备了城市带动乡村、工业支援农业的基本条件。从农村内部看，通过多年的支农，贫困人口全部脱贫，农业供给能力和结构不断优化，农村水、电、路等基础设施明显改善，义务教育、新农合、新农保、低保等公共服务从无到有，也为全面实施乡村振兴战略创造了良好条件。

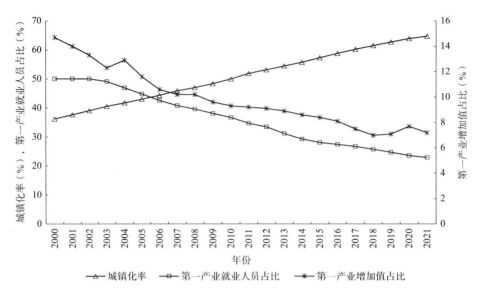

图 1-2 2000—2021 年我国城镇化率、第一产业就业人员占比和第一产业增加值占比情况

第二节 全面推进乡村振兴的意义

一、乡村振兴为推进农业农村现代化提供依托

现代化的经济体系是中国特色社会主义现代化的重要标志，现代化的经济体系不仅包括产业体系、产业结构和产业组织结构等生产力内容，还包括生产资料所有制、收入分配体系和资源配置方式等生产关系内容。因此，农业农村领域现代化建设不仅要对生产力进行革新，还要对生产关系进行调整。乡村振兴战略坚持农民主体地位、人与自然和谐共生、城乡融合发展，通过巩固和完善农业农村基本经营制度，促改革、调结构、惠民生和防风险，最终实现乡村全面振兴，这正是对农业农村领域生产力和生产关系的不断调整优化，通过生产力革新和生产关系调整为农业农村现代化提供重要依托。

二、乡村振兴为消除城乡二元结构提供路径

当前我国城乡发展不平衡格局仍未得到根本性改变，农村空心化、农业边缘化、农民增收难等问题仍然突出，城乡发展不平衡、差距较大，城乡二元结构仍然固化。乡村振兴可以为消除城乡二元结构提供路径。首先，乡村振兴中的产业兴旺是推动城乡产业深度融合的重要路径。产业振兴离不开产业效益和竞争力的提升，通过构建农产品生产、加工、衍生品制造一体化产业链，推动农村一二三产业融合发展。其次，乡村振兴能不断完善农村人才引进政策，吸引人才流入乡村和农民工主动返乡就业创业，打破优质人才单向流动困境，壮大城乡融合发展人才队伍。最后，通过全面实施

乡村振兴战略，可以加强乡村生态治理和环境保护，逐步建成宜居宜业和美乡村，使乡村和城市之间形成可以产生共鸣的生态共同体。

三、乡村振兴为解决社会主要矛盾提供办法

我国社会的矛盾已经转化为人民日益增长的美好生活需要和不平衡不充分发展之间的矛盾，而这一主要矛盾在乡村地区更为凸显。全面推进乡村振兴，是解决社会主要矛盾和加快现代化建设的重大举措。实施乡村振兴战略，坚持农业农村优先发展，能为社会提供数量足够且质量优的粮食和重要农产品，满足民众对高质量农产品和膳食结构调整的需求。而且，实施乡村振兴战略是坚持农业农村优先发展的重大举措，赋予了农业农村更加独特、重要和优先的发展方位，使农业农村这一短板得到社会更多关注，引导各级政府和市场主体进行要素调整和倾斜。

四、乡村振兴为实现全体人民共同富裕提供支撑

实现全体人民共同富裕，最艰巨和最繁重的任务在农村，最广泛和最深厚的基础在农村，最大的潜力和后劲也在农村，只有农业实现高质量发展、农村实现富强，农民才能富裕，共同富裕的最终目标才能真正实现。乡村振兴战略作为提升农业产业竞争力、促进乡村全面发展和助力农民增收的重大国家战略，也是促进全体人民实现共同富裕的必经之路。乡村振兴的建设主体和受益主体均是农民，共同富裕惠及的关键主体也是农民；乡村振兴和共同富裕的动力来源均是农民的内生动力；乡村产业、人才、文化、生态、组织的振兴都是为了给缩小城乡收入差距提供物质、文化和人才基础；合理的利益分配机制是高质量乡村振兴和共同富裕的共同实现途径；乡村振兴和共同富裕的总目标都是实现农业农村现代化。

第三节　四川乡村振兴的历史逻辑与现实逻辑

一、历史逻辑

（一）　中华民族优秀传统农耕文化为乡村振兴提供了肥沃的土壤

我国传统社会是基于人与自然、人与人、人与社会的关系而形成的，生产和生活方式以聚落而居和精耕细作为典型特征，孕育了许多优秀的风俗礼仪和文化传统，其中所包含的伦理道德、价值取向、行为规范等构成了几千年来乡村社会得以良性运转与和谐发展的文化基础。同时，数千年传承的优秀乡约、乡贤文化，铸就了现代乡村治理中自治、德治和法治的基本要素。而在千年农耕实践中形成的大道自然、天人合一和农事节气等，也为乡村振兴提供了重要的历史基础和文化基因。

（二） 不同历史时期的乡村建设为乡村振兴提供了有益探索

在不同历史时期，我国根据不同阶段的实际国情、农情和发展目标，制定相应发展战略，取得了乡村建设的重大成就，形成了乡村振兴的重要实践基础。在新民主主义革命时期，中国共产党人在建设井冈山根据地时期就开始了乡村改造，改变土地所有制，改善农业农村基础条件，保障农户生存权，为新民主主义革命取得胜利提供了重要保障。社会主义革命和建设时期，以推广农业合作社为手段，从根本上改变了农村贫困落后的局面，解决了广大农民"吃饭穿衣"问题，第一次在全国范围内推行乡村建设行动。改革开放后，我国进入社会主义现代化建设时期，乡村逐步实行家庭联产承包责任制、改革农产品统派购制度、推进社会新农村建设、实行"工业反哺农业、城市支持农村"方针，农村生产生活水平明显提高，农村法治、文化、医疗、社会保障等制度不断优化，乡村建设取得初步成效。党的十八大以来，乡村发展的主要任务转变为促进城乡融合和解决发展不平衡不充分矛盾，乡村产业、文化、环境等方面均取得显著成效，乡村振兴取得了良好开局。

二、现实逻辑

西南地区是我国重要的水源地和生态屏障区，农业以传统劳动密集型耕作方式为主，不仅生态保护至关重要，而且农业产业基础和差异也较大，与全国相比，乡村振兴战略的实施面临更加严峻的挑战。

（一） 西南地区乡村振兴的特殊性

截至2021年，西南地区集中了我国2亿多常住人口，其中农村人口达到8 771万人，分别占全国的14.51%和17.60%（见表1-2），其中，"人均一亩三分、户均不过十亩"的小农户占绝大多数，这不仅是西南地区乡村振兴的最大短板与约束，也是我国农业农村现代化的重点和难点所在。当前，西南地区正处于转型、创新和跨越发展的关键时期，面临脱贫攻坚持续巩固、"三农"问题不断演化、社会形态深刻重塑和利益格局动态调整等诸多挑战，乡村振兴任务十分繁重和迫切。因此，迫切需要准确定位西南地区农业农村的特殊农情，研判西南地区乡村振兴的战略取向和路径选择。其特殊性主要表现在以下几方面。

表1-2　2006—2021年西南地区人口数量

年　份	西南地区乡村人口数量（万人）	西南地区乡村人口占全国比重	西南地区常住人口数量（万人）	西南地区常住人口数量占全国比重
2006年	12 882	17.61%	19 435	14.79%
2007年	12 611	17.64%	19 378	14.67%

（续）

年　份	西南地区乡村人口数量（万人）	西南地区乡村人口占全国比重	西南地区常住人口数量（万人）	西南地区常住人口数量占全国比重
2008 年	12 335	17.52%	19 408	14.61%
2009 年	12 128	17.59%	19 448	14.57%
2010 年	11 707	17.44%	19 311	14.40%
2011 年	11 476	17.66%,	19 467	14.43%
2012 年	11 247	17.64%	19 593	14.41%
2013 年	11 001	17.68%	19 710	14.42%
2014 年	10 751	17.65%	19 837	14.41%
2015 年	10 434	17.68%	19 967	14.43%
2016 年	10 134	17.68%	20 136	14.46%
2017 年	9 838	17.67%	20 278	14.48%
2018 年	9 560	17.67%	20 363	14.49%
2019 年	9 264	17.62%	20 462	14.51%
2020 年	9 003	17.66%	20 526	14.54%
2021 年	8 771	17.60%	20 492	14.51%

1. 发展水平整体滞后

西南地区既是我国农业生产的战略后备区，也是生态环境脆弱、多民族居住、传统农耕文明发源区，随着西部大开发战略、"一带一路"倡议、区域协调发展战略等的实施，西南地区经济增长和社会发展稳步提速，农业和农村转型加快，区域相对差距缩小。但是，与中东部地区相比，西南地区仍然是我国经济社会和农业农村现代化进程中的短板，乡村振兴面临整体发展水平不高、动力不足和人才短缺等问题。首先，西南地区整体发展水平仍落后于全国大部分地区，2021 年贵州、西藏等省份的GDP 不足 2 万亿元，不足广东、江苏等地的 20%（见表 1 - 3），西南地区人均可支配收入仅为 26 888.11 元，仅为全国平均水平的 76.54%（如图 1 - 3 所示）。经济发展水平和产业结构的约束，也导致了西南地区缺乏农业产业经营人才、乡村公共服务人才、农业科技人才等优质且多元的人力支撑。

表 1 - 3　2000—2021 年西南地区国内生产总值情况

年　份	重庆市（亿元）	四川省（亿元）	贵州省（亿元）	云南省（亿元）	西藏自治区（亿元）	西南地区（亿元）	全国（亿元）	西南地区生产总值占全国比重
2000 年	1 822.1	3 928.2	1 029.9	2 030.1	117.8	8 928.1	100 280.1	8.90%
2001 年	2 014.6	4 293.5	1 133.3	2 159.0	139.2	9 739.6	110 863.1	8.79%
2002 年	2 279.8	4 725.0	1 243.4	2 358.7	162.0	10 768.9	12 1717.4	8.85%
2003 年	2 615.6	5 346.2	1 429.0	2 633.4	186.0	12 210.2	137 422.0	8.89%

（续）

年　　份	重庆市（亿元）	四川省（亿元）	贵州省（亿元）	云南省（亿元）	西藏自治区（亿元）	西南地区（亿元）	全国（亿元）	西南地区生产总值占全国比重
2004 年	3 059.5	6 304.0	1 649.4	3 136.4	217.9	14 367.2	161 840.2	8.88%
2005 年	3 448.4	7 195.9	1 939.9	3 497.7	243.1	16 325.0	187 318.9	8.72%
2006 年	3 900.3	8 494.7	2 264.1	4 090.7	285.9	19 035.7	219 438.5	8.67%
2007 年	4 770.7	10 562.1	2 847.5	5 077.4	344.1	23 601.8	270 092.3	8.74%
2008 年	5 899.5	12 756.2	3 504.5	6 016.6	398.2	28 575.0	319 244.6	8.95%
2009 年	6 651.2	14 190.6	3 856.7	6 574.4	445.7	31 718.6	34 8517.7	9.10%
2010 年	8 065.3	17 224.8	4 519.0	7 735.3	512.9	38 057.3	412 119.3	9.23%
2011 年	10 161.2	21 050.9	5 615.6	9 523.1	611.5	46 962.3	487 940.2	9.62%
2012 年	11 595.4	23 922.4	6 742.2	11 097.4	710.2	54 067.6	538 580.0	10.04%
2013 年	13 027.6	26 518.0	7 973.1	12 825.5	828.2	61 172.4	592 963.2	10.32%
2014 年	14 623.8	28 891.3	9 173.1	14 041.7	939.7	67 669.6	643 563.1	10.51%
2015 年	16 040.5	30 342.0	10 541.0	14 960.0	1 043.0	72 926.5	688 858.2	10.59%
2016 年	18 023.0	33 138.5	11 792.4	16 369.0	1 173.0	80 495.9	746 395.1	10.78%
2017 年	20 066.3	37 905.1	13 605.4	18 486.0	1 349.0	91 411.8	832 035.9	10.99%
2018 年	21 588.8	42 902.1	15 353.2	20 880.6	1 548.4	102 273.1	91 9281.1	11.13%
2019 年	23 605.8	46 363.8	16 769.3	23 223.8	1 697.8	111 660.5	986 515.2	11.32%
2020 年	25 041.4	48 501.6	17 860.4	24 555.7	1 902.7	117 861.8	101 3567.0	11.63%
2021 年	28 077.3	54 088.0	19 458.6	27 161.6	2 080.2	130 865.7	114 9237.0	11.39%

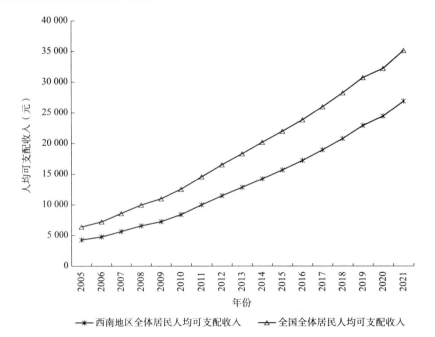

图 1-3　西南地区人均可支配收入情况与全国平均水平对比

2. 农业产业比重大

2021 年，西南地区第一产业比重为 10.94%，乡村人口占比达到 42.80%，分别比全国平均水平高 3.70 和 7.52 个百分点（见表 1-4），与全国相比，西南地区农业产业占比更大、乡村人口比重更大，城镇化水平与产业结构能级均落后于全国平均水平，与东部先进地区相比更是存在较大差距。因此，西南地区经济发展对农业产业具有较高的依赖性，经济发展仍然保留较强的单一产业结构，抑制了产业链延伸和产业间的深度融合，不利于乡村振兴培新动能，难以发挥创新驱动、服务引领的产业发展规律对乡村振兴的驱动力，迫切需要以乡村振兴为引领，立足资源禀赋和发展实际，选择适合西南地区发展的乡村振兴模式和实现路径，保障西南地区与全国同步实现乡村振兴。

表 1-4 2000—2021 年西南地区及全国第一产业比重与农村人口比重

年　份	西南地区第一产业比重	西南地区农村人口比重	全国第一产业比重	全国农村居民人口比重
2000 年	22.12%	83.11%	14.68%	63.78%
2001 年	20.81%	83.88%	13.98%	62.34%
2002 年	19.90%	83.93%	13.30%	60.91%
2003 年	18.73%	83.31%	12.35%	59.47%
2004 年	19.03%	83.82%	12.92%	58.24%
2005 年	17.84%	84.26%	11.64%	57.01%
2006 年	16.35%	66.28%	10.63%	55.66%
2007 年	15.97%	65.08%	10.25%	54.11%
2008 年	14.96%	63.56%	10.17%	53.01%
2009 年	13.82%	62.36%	9.64%	51.66%
2010 年	12.59%	60.62%	9.33%	50.05%
2011 年	12.38%	58.95%	9.18%	48.17%
2012 年	12.21%	57.40%	9.11%	46.90%
2013 年	11.70%	55.81%	8.94%	45.51%
2014 年	11.66%	54.20%	8.64%	44.25%
2015 年	11.72%	52.26%	8.39%	42.67%
2016 年	11.60%	50.33%	8.06%	41.16%
2017 年	10.97%	48.52%	7.46%	39.76%
2018 年	10.35%	46.95%	7.04%	38.50%
2019 年	10.58%	45.27%	7.14%	37.29%
2020 年	11.59%	43.86%	7.70%	36.11%
2021 年	10.94%	42.80%	7.24%	35.28%

3. 农产品供大于求和供不应求并存的供给侧结构性矛盾突出

一方面，产品结构单一，南方地区盛产的稻谷、油料、蔬菜等农产品的区域相似度较高，普遍存在同质竞争现象，低价与"难卖"问题并存。另一方面，特色优质农产品尚未形成规模优势，受限于市场信息不畅、运输成本居高不下、市场服务体系尚未建立，形成优质不优价、增产不增收困境，严重挫伤了农户生产积极性。

4. 人地矛盾和耕地抛荒并存的农业农村空心化困境

西南地区受土地资源的先天性局限，耕地细碎化现象更为突出，农业组织化程度偏低，农业经营规模偏小，而城镇化的加速导致西南地区农业劳动力向非农产业大量转移，农村地区人口老龄化和空心化加剧，人地矛盾与耕地抛荒、非粮化现象并存。在现代化和城镇化背景下，西南地区的农业经营性收益不足以维持农户家庭的基本生存需求，加之土地及物质成本急剧上升拉高了农业生产成本，农业劳动力向城市工商业转移日益加快，呈现出城镇化与农业异步发展格局。2021 年，西南地区城镇居民人均可支配收入与农村居民可支配收入之间的比值为 2.62，高于全国 2.50 的平均水平（如图 1-4 所示），农业和农村地区与城镇二元问题较全国更为严峻。

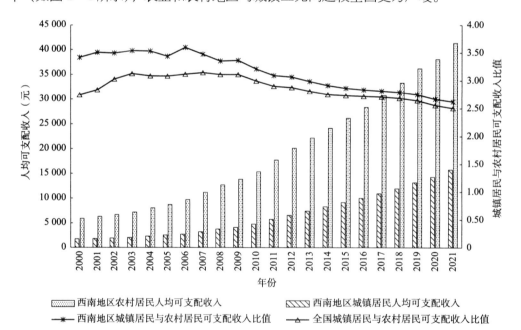

图 1-4　西南地区农村居民人均可支配收入与城镇居民可支配收入情况对比

同时，与北方地区相比，西南地区多样化的地理和自然条件，使得农户更倾向于种植经济作物，甚至不少农户逐步退出农业生产领域，"季节性抛荒""非粮化抛荒""绝对抛荒"等现象日益突出（见表 1-5），也使得西南地区农业农村空心化和劳动力老龄化现象更为明显，二元结构性矛盾与粮食安全、耕地保护问题更为突出。

表 1 - 5　2000—2021 年西南地区粮食作物播种面积占农作物总播种面积的比重

年　份	重庆市	四川省	贵州省	云南省	西藏自治区	西南地区	全国
2000 年	77.24%	71.33%	67.10%	73.26%	87.18%	72.01%	69.39%
2001 年	76.34%	70.07%	67.11%	73.18%	86.25%	71.35%	68.13%
2002 年	75.26%	69.48%	66.22%	71.57%	83.82%	70.34%	67.18%
2003 年	73.36%	68.06%	65.20%	70.68%	79.57%	69.02%	65.22%
2004 年	73.25%	68.99%	64.69%	70.60%	77.75%	69.24%	66.17%
2005 年	72.61%	69.25%	63.98%	70.27%	75.62%	69.00%	67.07%
2006 年	70.12%	69.10%	63.74%	69.63%	73.67%	68.38%	68.98%
2007 年	69.20%	69.55%	61.99%	66.44%	80.59%	67.31%	69.28%
2008 年	68.54%	68.95%	62.27%	65.65%	79.33%	66.79%	69.13%
2009 年	67.88%	67.84%	61.57%	64.71%	78.94%	65.83%	70.12%
2010 年	67.01%	67.64%	61.62%	66.08%	77.74%	65.99%	70.43%
2011 年	64.77%	67.24%	60.63%	64.71%	77.68%	64.96%	70.45%
2012 年	62.80%	67.12%	58.35%	63.16%	77.58%	63.72%	70.57%
2013 年	62.06%	66.90%	57.36%	62.45%	77.90%	63.10%	70.80%
2014 年	61.87%	66.64%	56.64%	61.93%	77.68%	62.66%	71.11%
2015 年	61.03%	66.51%	56.22%	61.51%	77.88%	62.31%	71.31%
2016 年	61.18%	66.27%	55.71%	61.91%	71.61%	62.17%	71.42%
2017 年	60.81%	65.71%	53.94%	61.39%	73.08%	61.40%	70.94%
2018 年	60.26%	65.16%	50.03%	60.58%	68.30%	60.08%	70.55%
2019 年	59.76%	64.78%	49.43%	60.04%	68.05%	59.61%	69.95%
2020 年	59.39%	64.09%	50.30%	59.62%	67.01%	59.40%	69.72%
2021 年	59.05%	63.58%	51.41%	59.39%	68.01%	59.38%	69.73%

5. 农业基础设施落后

西南地区农业基础设施水平与全国及东中部地区还存在较大的差距，许多农业产业、乡镇还处在山区、半山区，坡地多，保土、保水、保肥能力较差，农田排灌系统建设滞后，部分地区靠天吃饭的状况没有得到根本性转变，抵御自然灾害的能力弱，导致西南地区农业成灾面积占全国总成灾面积的比重一直处于较高水平。由于地形及基础设施的限制，西南地区农业生产机械化水平普遍不高，2021 年，西南地区农业机械总动力为 12 506.53 万千瓦，仅占全国的 11.61%，单位面积农机总动力为 4.78 千瓦/公顷，比全国平均水平低 1.61 千瓦/公顷（见表 1 - 6）。

表1-6 2000—2021年西南地区及全国农业机械情况

年 份	农业机械总动力（万千瓦）		单位面积农机总动力（千瓦/公顷）	
	西南地区	全国	西南地区	全国
2000 年	4 300.64	52 573.61	1.80	3.36
2001 年	4 532.14	55 172.10	1.89	3.54
2002 年	4 774.89	57 929.85	2.01	3.75
2003 年	5 072.82	60 386.54	2.17	3.96
2004 年	5 332.38	64 027.91	2.26	4.17
2005 年	5 866.09	68 397.85	2.44	4.40
2006 年	6 416.19	72 522.12	2.80	4.77
2007 年	6 986.43	76 589.56	3.03	5.01
2008 年	7 491.76	82 190.41	3.19	5.28
2009 年	8 044.33	87 496.10	3.40	5.56
2010 年	8 745.64	92 780.48	3.70	5.85
2011 年	9 474.09	97 734.66	3.92	6.09
2012 年	10 302.08	102 558.96	4.16	6.33
2013 年	10 980.40	103 906.75	4.37	6.35
2014 年	11 647.71	108 056.58	4.61	6.54
2015 年	12 232.16	111 728.07	4.83	6.70
2016 年	11 702.82	97 245.59	4.59	5.83
2017 年	12 011.95	98 783.35	4.69	5.94
2018 年	11 647.94	100 371.74	4.55	6.05
2019 年	11 904.99	102 758.26	4.63	6.19
2020 年	12 197.88	105 622.15	4.70	6.31
2021 年	12 506.53	107 764.32	4.78	6.39

（二） 四川乡村振兴的特殊性

四川作为我国西南地区的农业大省和人口大省，具有传统农业大省的一般性特征，但同时乡村发展不充分、不平衡问题更为突出。

一是，四川土地细碎化问题较全国更为突出。四川地形地貌复杂，拥有山地、丘陵、平原和高原4种地形，分别占全省面积的74.20%、10.30%、8.20%和7.30%，山丘区占比高达91.80%，与全国相比，土地细碎化程度更高。第三次全国国土普查数据显示，四川人均耕地面积仅为0.94亩*，低于全国1.36亩的平均水平，农户户均耕地面积比全国低了36.60个百分点。耕地细碎化导致四川家庭经营耕地有限，农

---

* 亩为非法定计量单位，15亩=1公顷。全书同。

户家庭经营难以形成规模优势（见表1-7，表1-8），存在小规模农户组织和行为缺陷，缺乏流动与重组的内在动力，导致农业发展微观基础效能乏力，不利于现代要素引入和生产效能提升，农业经营收入难以提高。同时，四川土地细碎化导致农业生产宜机化条件支撑不足，农业机械化水平较低（见表1-9），农业生产更多依靠传统动力。

表1-7　2017—2021年四川省农户经营耕地情况

单位：万户

经营耕地情况	2017年	2018年	2019年	2020年	2021年
未经营耕地的农户数	95.00	103.70	124.40	129.50	150.20
经营耕地10亩以下的农户数	1 939.40	1 955.10	1 959.40	1 920.30	1 919.10
经营耕地10～30亩的农户数	88.00	76.90	82.60	84.70	96.10
经营耕地30～50亩的农户数	27.20	25.20	17.40	15.80	16.60
经营耕地50～100亩的农户数	8.00	7.60	5.00	4.70	4.70
经营耕地100～200亩的农户数	1.90	1.90	3.10	1.80	1.90
经营耕地200亩以上的农户数	1.50	1.70	1.30	1.90	0.70

表1-8　2017—2021年四川省农户经营规模耕地情况

经营规模耕地情况		2017年	2018年	2019年	2020年	2021年
经营耕地30亩以上的农户比重	全国	4.15%	4.19%	4.11%	4.22%	4.20%
	四川	1.87%	1.76%	1.30%	1.19%	1.17%
经营耕地50亩以上的农户比重	全国	1.48%	1.51%	1.57%	1.66%	1.66%
	四川	0.55%	0.54%	0.45%	0.41%	0.36%

表1-9　2013—2020年四川及全国农业机械化水平

年份	机耕率		机播率		机收率		综合机械化水平	
	四川	全国	四川	全国	四川	全国	四川	全国
2013年	43.69%	69.49%	5.40%	49.06%	19.43%	47.29%	24.93%	56.70%
2014年	49.03%	71.08%	7.78%	50.83%	21.04%	50.41%	28.26%	58.80%
2015年	51.37%	71.86%	9.08%	51.94%	23.13%	52.54%	30.21%	60.08%
2016年	53.52%	72.49%	10.84%	52.66%	24.46%	54.94%	32.00%	61.28%
2017年	55.55%	73.77%	14.26%	54.14%	27.43%	57.05%	34.73%	62.87%
2018年	53.48%	74.51%	14.92%	56.93%	26.94%	60.43%	33.95%	65.01%
2019年	58.15%	74.81%	16.92%	57.30%	28.35%	61.40%	36.84%	65.54%
2020年	59.67%	76.50%	18.45%	58.98%	29.65%	62.99%	38.30%	67.19%

　　二是，四川农村空心化现象较为普遍。四川不仅是人口大省，也是人口输出大省，随着城镇化、工业化的发展，农村优质劳动力外流数量及占比均不断抬升，第七次人口普查数据显示，四川人户分离数达到2 782.32万人，较第六次人口普查增加

了 1 608.81 万人，每年有 2 000 多万农村优质劳动力外出务工，占乡村人口的比重达到 70.00％以上。

三是，四川区域之间不平衡现象突出。四川省面积较大、地形地貌多样，境内存在平原、丘陵、山地和高原等多种地形，也聚集了大量少数民族群众，境内交通、经济、社会发展存在较大差异。2016 年，四川省根据地形地貌和经济发展条件，划分出五大经济区，分别为：成都平原经济区、川南经济区、川东北经济区、攀西经济区和川西北经济区。各个区域各具特征，区域之间发展基础及潜力各不相同。2021 年，成都平原经济区经济总量达到 32 927.78 亿元，是攀西经济区和川西北经济区的 10.85 倍和 36.72 倍（见表 1－10）。各经济区经济发展的不平衡，在农村地区体现得更为明显，许多高原民族地区的医疗、教育、养老等公共服务与成都平原经济区还有较大差距。

表 1－10　四川省五大经济区国内生产总值及第一产业增加值情况

单位：亿元

		2000 年	2005 年	2010 年	2015 年	2020 年	2021 年
国内生产总值	成都平原经济区	2 496.60	4 455.13	10 168.66	19 126.41	29 583.90	32 927.78
	川南经济区	662.91	1 183.73	2 923.65	5 221.00	7 860.49	8 761.00
	川东北经济区	661.38	1 198.33	2 787.02	4 979.34	7 490.98	8 230.23
	攀西经济区	259.07	548.22	1 308.18	2 240.02	2 756.97	3 035.13
	川西北经济区	59.96	125.24	255.59	478.08	820.56	896.67
第一产业增加值	成都平原经济区	457.37	652.05	1 037.48	1 505.20	2 350.66	2 315.25
	川南经济区	165.33	265.53	427.19	723.66	1 101.52	1 140.68
	川东北经济区	259.69	387.67	689.99	1 006.93	1 438.25	1 503.09
	攀西经济区	64.66	103.73	177.35	326.34	503.67	535.19
	川西北经济区	8.44	25.47	52.89	98.84	162.75	167.66

第四节　研究综述

自党的十九大报告首次明确提出实施乡村振兴战略以来，众多学者从各类角度对乡村振兴进行了大量研究。

一、乡村振兴的内涵

针对我国经济社会发展过程中乡村衰落的现实问题，众多学者很早就开始对"乡村复兴""乡村重建"等进行研究（李长学，2018）。乡村复兴具有外在和内在两层含义，外在内涵是恢复乡村在城乡谱系中的应有价值，内在内涵是让乡村在经济、人居、治理和生计等方面实现自给与繁荣（张京祥，2014）。在实践上是在反思传统乡村发展模式的基础上使乡村重新焕发活力并实现可持续发展的活动（何慧丽，2012）。

乡村振兴在基本方向上，始终坚持把解决好"三农"问题作为全党工作的重中之重，从"城乡一体化发展"转向"坚持农业农村优先发展"；在发展目标上，从"推进农业现代化"向"推进农业农村现代化"转变；在总体要求上，从"生产发展、生活富裕、乡风文明、村容整洁、管理民主"向"产业兴旺、生态宜居、乡风文明、治理有效、生活富裕"转变（蒋永穆，2018）。

二、乡村振兴的必要性

从乡村发展的角度看，我国近现代史也是一部乡村衰落与建设史，不管在革命时期，还是在社会主义建设和改革开放时期，农业农村和农民问题都处于基础性地位，发挥着至关重要的作用（李长学，2018）。从世界各国的发展经验看，乡村衰落是普遍的世界性难题，与世界大多数开展城市化和现代化建设的国家相似，我国在农村经济发展、农民收入增长、硬件设施不断改善的同时，村容环境、农田水利、人文环境和生态环境等也呈现普遍衰败景象，而乡村振兴战略的提出体现了对"现代化陷阱"的及时响应（王亚华等，2017）。乡村振兴是统领未来国家现代化建设中农业农村发展的战略性决策，其提出也是基于解决发展不平衡不充分问题的需要、满足人民日益增长的美好生活需要的现实要求（叶兴庆，2018）。除了农业农村发展的现实需求，乡村发展的宏观和微观环境也发生了较大变化，宏观上我国已经进入着力破解城乡二元结构、形成经济社会一体化发展新格局阶段，乡村建设和发展的内外部基础设施条件得到了前所未有的改善；微观上乡村居民的生活条件得到了改善、农村环境得到了改善、改革成效日益显现，这都为乡村振兴创造了有利条件（张军，2018）。不难看出，乡村振兴战略的提出，实际上是基于我国特殊国情和未来二三十年发展的阶段性特征（陈锡文，2018）。乡村振兴的宗旨使命是任何时候都不能忽视农业、忘记农民、淡漠农村，终极目标就是让农民成为体面的职业，让农民获得体面的收入，让农村树立起体面的形象（李铜山，2017）。

三、乡村与城镇的关系

乡村是由人文、经济、资源和环境相互联系、相互作用构成的，是具有一定结构、功能和区际关系的空间体系，是一个由城乡融合体、乡村综合体、村镇有机体、居业协同体等组成的地域多体系统，要将城市与乡村作为有机体和命运共同体，探究城乡双转型和一体化机制（刘彦随等，2019）。城乡关系演化与乡村发展有着内在联系和规律，必须认清规律，因势利导推进乡村振兴，积极处理农业规模经营"天花板"与农民增收的矛盾、专业农户居民点小型化与公共服务规模化要求的矛盾、恩格尔系数下降要求与发展功能农业的矛盾（党国英，2019）。乡村振兴战略对新时代城乡关系进行了科学定位，首次将"三农"工作放到优先位置，首次提出农业农村现代化，对农业农村产业发展提出更高要求，对农村自然环境提出新要求，首次提出"三治"乡村治理体系,强调了农民的主体地位(张海鹏等,2018)。实现乡村振兴,要正确把握现阶段城乡人口流动态势,需要坚持"以农为本"发展乡村产业的方向,需要在发展产业的同时更加注重并加强农村建设,需要进一步形成并不断完善城乡融合的体制机制和政策体系(张强等,2018)。

四、乡村振兴的发展路径

作为新时代"三农"工作的新战略、新部署、新要求,乡村振兴的核心是"战略",关键是"振兴",靶向是"乡村"(廖彩荣,2017)。现阶段,我国农村发展十分不平衡,农民也出现了巨大分化,实施乡村振兴战略不是对已经得到较好发展的乡村和具备较好发展资源条件的乡村锦上添花,而是要为占农村和农民大多数的一般型农村地区雪中送炭,也不是为具备进城能力的农民提供更多利益,而是要为缺少进城机会与能力的农民提供在农村生产生活的良好条件(贺雪峰,2018)。在推进乡村振兴过程中,要改变关于城乡关系的一系列旧有认识,树立新观念,包括:扩大要素在城乡之间的自由流动,抛弃将农村视为两个"蓄水池"的陈旧思想,将农业竞争力提高战略纳入国民经济整体竞争力提高战略中,使各项经济政策推动中国人口布局大调整,完成农村政策在实施对象上的转变(党国英,2017)。同时,乡村振兴是一项长期的、系统的工程,并非一朝一夕能达成,要遵循乡村发展的内在规律,避免脱离现实盲目推进,要充分体现不同地方的乡土风格特色,不能千篇一律地通用套用,要以具有内生发展要素条件支撑的村庄为重点,培育壮大乡村经济活力,要正视部分村庄消失不可避免,不要强行干预乡村发展(钟钰,2018)。

乡村振兴的战略指向已经十分明晰,关键是如何选择振兴路径。与西方乡村振兴不同,我国乡村振兴战略具有独特的内在逻辑及机制,这决定了我国乡村振兴战略必须建立在生态文明的理念上,建立在"四化"同步发展上,建立在社会主义公有制基础上,建立在庞大的农村人口基数上,建立在特有的城乡二元体制上(陈龙,2018)。在乡村振兴战略统一部署下,不同地区要因地制宜探索出多元化的实施方案,坚持不"去小农化"、不过度产业化、不盲目推进土地流转、不消灭农民生活方式的差异、不能轻视基层的"三农"工作(叶敬忠,2018)。基于当前的现实需求,应以全面深化改革提供关键性动力,以完善市场机制奠定基础支撑,以城乡融合创新体制机制,以坚持发展明确目标指向,以推动适度规模提供基本引领(郭晓鸣,2018)。进入乡村振兴全面推开阶段,要真抓实干推进乡村振兴落地见效,要确保粮食和重要农产品供给,要巩固拓展脱贫攻坚成果,要扎实有序推进乡村振兴重点工作,扎实稳妥推进乡村建设,突出实效改进乡村治理(唐仁健,2022)。

自乡村振兴战略提出以来,学界日益重视对乡村振兴内涵及必要性、路径等的研究,乡村振兴研究体系不断丰富,形成了多个针对乡村振兴实践的研究议题,内容涵盖乡村振兴内涵及必要性、乡村与城镇关系、如何实施乡村振兴及发展路径等。但是乡村振兴作为国家的重大战略，具有覆盖面广、实施周期长、涉及主体多等特点，对乡村振兴的研究不应局限在宏观领域，还应从具体的村庄入手，分析不同类型村庄的发展路径。同时对乡村振兴的研究，也不能停滞，要根据乡村主体、环境、基础、政策等的变化进行实时更新，明晰新变化、新要求，为全面推进乡村振兴提供保障。

第二章 | 四川乡村现状与区域布局

四川位于中国西南部，地处长江上游，素有"天府之国"的美誉。全省面积48.6万平方千米，辖21个市（州）、183个县（市、区）。四川是我国西南地区的农业大省、人口大省，地域广阔、地形复杂，境内平原、丘陵、山地、高原均有分布，拥有多个民族聚集地，各地发展条件差异大，乡村发展不协调、不均衡性明显。

第一节 四川乡村现状

一、行政区划

近年来，四川顺利完成了乡镇行政区划和村级建制调整改革（"两项改革"），改革前，全省有乡镇（街道）4 610个，数量居全国第一，相当于数量居全国第二、第三的两个省份之和；建制村45 447个，数量居全国第四和中西部地区第一。四川原有的镇村设置呈现"多、小、密、弱"特征，村镇数量多、规模小、产业弱，随着城镇化的深入推进，多数村镇陷入人口空心化、经济空壳化困境，村镇发展陷入自身能力不足、外生动力缺乏的现实困境，各项乡村振兴工作推进难度大。

通过"两项改革"，四川全省乡镇（街道）从4 610个减至3 101个，减少1 509个，减少了32.7%；建制村从45 447个减至26 369个，减少19 078个，减少了41.98%。乡镇平均面积由106平方千米增加至156.7平方千米，增加了47.8%，平均户籍人口由1.8万人增加至2.93万人，增加了62.7%；建制村平均面积从10.7平方千米增至18.3平方千米，增加了71%，平均常住人口由877人增加至1 512人，增加了72.4%。各乡镇行政和事业编制干部平均从37.6名增加到59.9名，比改革前增加了22.3名；村党组织书记平均年龄下降3.9岁，大专以上学历人员占比提高7.1个百分点（见表2-1）。通过"调乡、合村、并组、优化社区"这一套组合拳，在乡村空间内，重塑了管理结构、治理框架和资源权属，优化了城乡空间、人口和产业布局。

表 2-1　四川省"两项改革"前后变化情况

变化内容	改革前	改革后
乡镇（街道）数量（个）	4 610	3 101
乡镇平均面积（平方千米）	106	156.7
乡镇平均户籍人口（万人）	1.8	2.93
建制村数量（个）	45 447	26 369
建制村平均面积（平方千米）	10.7	18.3
建制村平均常住人口（人）	877	1 512
乡镇行政和事业编制干部数量（人）	37.6	59.9

二、资源禀赋

四川地处我国大陆地势第一级青藏高原和第二级四川盆地的过渡带，西高东低的特点明显，西部为高原、山地，海拔多在 3 000 米以上；东部为盆地、丘陵，海拔多为 200～1 000 米。地貌以山地为主，占全省土地总面积的 74.2%，丘陵约占 10.3%，平原和高原较少，分别占 8.2% 和 7.3%。四川各地平均气温差异很大，从−1.5 ℃到20.9 ℃，年均气温分布总趋势为东南高、西北低。四川降水量分布与平均温度分布相似，大致呈由东南向西北递减的趋势，盆地底部多为 800～1 200 毫米，川西南山地多为 1 000～1 200 毫米，川西北高原地区多为 600～800 毫米。四川日照时数分布大致呈由西北向东南递减的趋势，川西北高原地区多为 2 000～2 600 小时/年，盆地底部多为 1 100～1 400 小时/年。四川无霜期大致呈由西北向东南递增趋势，川西北高原地区大部分为 60～180 天，盆地底部多为 260～300 天，盆周山地多为 220～260 天。土壤类型复杂，盆西平原主要为水稻土、紫色土，盆地丘陵主要为紫色土，盆周山区土壤类型多样，占比较大的为黄壤、紫色土和黄棕壤，川西南山地则红壤、黄棕壤和紫色土占比较大，川西北高原以高山草甸土和亚高草甸土为主。

三、乡村人口

第三次全国农业普查公报显示，四川小农户数量占农户总数的 99.2%，规模农业经营户占比尚不足 1%，小农户经营耕地面积占据全省耕地总面积的 96.7%，可以说，数量庞大且分散的小农户作为配置农业生产资源与要素的最基本单位，产出了全省大部分的农产品，并造就了产品的多样性，成就了"巴蜀熟，天下足"的美誉，在农业生产中居于绝对主体地位。

但四川作为农村劳动力转移输出大省，农村空心化、农民老龄化问题十分突出，农村留守劳动力有效供给严重不足抑制了土地的合理利用，山丘区耕地撂荒弃耕尤为普遍，"谁来种地"问题突出。2021 年，四川输出农村劳动力数量达到 2 613.08 万人，占乡村人口比重达到 74%，较全国平均高 13.8 个百分点，如图 2-1 所示；另第七次人口普查数据显示，四川农村 65 岁及以上人口占常住人口的比重已经达到 21.7％，超出全国平均 4 个百分点。乡村人口老龄化严重，人力资本状况不容乐观，小农户接受农业专业技术的能力总体偏低，对现代管理方式、农业技术、先进文化适应明显不足。

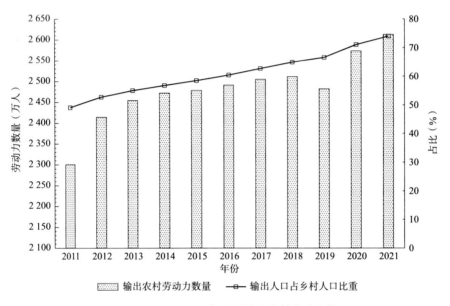

图 2-1 2011—2021 年四川输出农村劳动力情况

四、乡村产业

四川是全国优质粮、油、畜、禽、菜、果、茶等农产品重要基地，是全国重要粮食产区和重要农产品供给区（见表 2-2）。2021 年，全省农作物总播种面积 999.99 万公顷，比 2016 年增加 50.61 万公顷。其中：粮食作物播种面积 635.77 万公顷，比 2016 年增加 6.64 万公顷（见表 2-3）。四川省创建国家现代农业产业园 17 个（其中认定 10 个），数量居全国前列，国家、省、市、县级园区数量达到 1 500 个以上（见表 2-4 至表 2-8）。但同时，四川地处内陆地区，交通等基础设施落后和产业配套能力较弱，特别是盆周山区和高原民族地区，农户居住分散、信息不畅、农民合作成本高，难以形成农业规模效应，产业市场化程度低，依靠自身力量进行产业自我积累与提升的能力十分有限。

表 2-2 2000—2021 年四川省各类农作物产量

单位：万吨

年　份	粮食	油料	棉花	甘蔗	生麻	烟叶	蔬菜及食用菌	蚕茧	茶叶	水果	水产品
2000 年	3 568.5	193.0	5.89	166.68	4.02	15.61	2 312.56	8.73	5.45	321.63	51.31
2001 年	3 056.5	181.0	2.98	155.67	3.94	12.17	2 440.79	9.22	5.84	361.93	57.13

（续）

年　份	粮食	油料	棉花	甘蔗	生麻	烟叶	蔬菜及食用菌	蚕茧	茶叶	水果	水产品
2002 年	3 275.2	201.5	2.36	171.21	4.47	14.09	2 684.94	9.30	6.28	425.93	64.84
2003 年	3 183.3	217.1	2.54	170.53	5.02	13.42	2 639.60	9.29	7.21	464.93	76.40
2004 年	3 326.5	226.3	3.31	146.10	6.09	14.41	2 623.87	9.74	8.65	494.83	86.15
2005 年	3 409.2	232.3	2.47	132.89	6.85	18.17	2 714.29	9.80	9.79	527.16	98.25
2006 年	2 859.8	217.3	1.57	124.61	6.58	20.01	2 971.23	9.83	11.29	535.32	81.30
2007 年	3 032.7	253.6	0.85	109.29	4.06	16.35	2 863.99	10.68	13.73	580.05	91.05
2008 年	3 111.0	276.2	0.80	98.53	3.97	18.84	2 927.13	10.19	14.22	625.17	95.20
2009 年	3 120.4	288.5	0.75	78.60	3.85	21.63	3 087.00	10.15	15.74	679.12	100.13
2010 年	3 182.8	296.1	0.72	78.13	3.75	20.24	3 206.45	10.33	17.20	707.74	105.06
2011 年	3 249.5	306.7	0.71	62.72	3.57	20.90	3 403.84	10.27	18.97	752.94	112.15
2012 年	3 271.3	315.9	0.64	48.77	3.35	23.11	3 569.18	10.26	21.03	791.42	116.83
2013 年	3 336.1	320.2	0.62	44.69	3.29	22.15	3 705.10	9.99	21.97	822.03	123.64
2014 年	3 324.6	332.0	0.60	43.29	3.20	19.97	3 838.35	9.82	23.47	862.87	130.00
2015 年	3 394.6	339.6	0.48	41.79	3.13	19.79	3 988.38	9.55	24.61	912.14	135.97
2016 年	3 469.9	346.2	0.50	35.56	3.05	19.52	4 118.12	8.95	26.51	960.05	142.16
2017 年	3 488.9	357.9	0.40	34.74	3.03	18.05	4 252.27	9.08	27.78	1 007.88	150.74
2018 年	3 493.7	362.5	0.40	36.18	3.10	16.25	4 438.02	9.22	30.07	1 080.67	153.48
2019 年	3 498.5	367.4	0.28	37.18	3.17	16.04	4 639.13	9.65	32.54	1 136.70	157.69
2020 年	3 527.4	392.9	0.22	37.84	3.06	16.15	4 813.39	10.00	34.42	1 221.30	160.41
2021 年	3 582.1	416.6	0.20	38.61	3.26	16.13	5 039.09	9.73	37.48	1 290.90	166.49

表 2-3　2000—2021 年四川省各类农作物播种面积

单位：万公顷

年　份	农作物播种面积	粮食播种面积	油料播种面积	其他作物播种面积
2000 年	960.91	685.40	102.60	172.91
2001 年	949.17	662.69	104.90	181.58
2002 年	934.41	642.50	104.90	187.01
2003 年	908.50	608.80	108.70	191.00
2004 年	924.44	633.33	108.90	182.21
2005 年	941.69	650.16	109.36	182.17
2006 年	953.08	644.90	106.95	201.22
2007 年	925.24	643.46	118.23	163.55
2008 年	929.47	640.88	126.74	161.85

（续）

年　份	农作物播种面积	粮食播种面积	油料播种面积	其他作物播种面积
2009 年	915.78	621.30	132.01	162.48
2010 年	915.87	619.51	133.73	162.63
2011 年	921.54	619.67	135.18	166.69
2012 年	931.96	625.56	136.89	169.50
2013 年	937.17	626.99	139.03	171.15
2014 年	937.77	624.96	141.43	171.38
2015 年	945.11	628.61	143.05	173.45
2016 年	949.38	629.13	144.04	176.21
2017 年	957.51	629.20	147.89	180.42
2018 年	961.54	626.56	149.12	185.85
2019 年	969.30	627.93	149.51	191.85
2020 年	984.99	631.26	158.39	195.34
2021 年	999.99	635.77	165.20	199.02

表 2-4　四川省国家现代农业产业园创建及认定情况

年　份	类　别	园区名称
2018 年	认定	四川省眉山市东坡区现代农业产业园
	批准创建	四川省苍溪县现代农业产业园
2019 年	认定	四川省峨眉山市现代农业产业园 四川省蒲江县现代农业产业园
	批准创建	四川省广汉市现代农业产业园 四川省邛崃市现代农业产业园 四川省安岳县现代农业产业园
	纳入创建管理	四川省资中县现代农业产业园 四川省南江县现代农业产业园
2020 年	认定	四川省苍溪县现代农业产业园 四川省广汉市现代农业产业园 四川省邛崃市现代农业产业园 四川省安岳县现代农业产业园
	批准创建	四川省资中县现代农业产业园 四川省南江县现代农业产业园
	纳入创建管理体系	四川省崇州市现代农业产业园 四川省三台县现代农业产业园
2022 年	认定	四川省资中县现代农业产业园 四川省南江县现代农业产业园 四川省崇州市现代农业产业园
	批准创建	四川省开江县现代农业产业园 四川省遂宁市船山区现代农业产业园

（续）

年　　份	类　　别	园区名称
2023 年	批准创建	四川省岳池县现代农业产业园 四川省自贡市大安区现代农业产业园 四川省南充市嘉陵区现代农业产业园

表 2－5　2019 年度四川省星级农业园区

类　　别	园区名称
四川省五星级 现代农业园区 （8 个）	崇州市粮油现代农业园区
	隆昌市稻渔现代农业园区
	遂宁市船山区生猪种养循环现代农业园区
	雅安市名山区茶叶现代农业园区
	西充县香桃现代农业园区
	广安市广安区龙安柚现代农业园区
	会理县石榴现代农业园区
	三台县麦冬种养循环现代农业园区
四川省四星级 现代农业园区 （12 个）	资中县柑橘现代农业园区
	南江县黄羊种养循环现代农业园区
	开江县稻渔现代农业园区
	旺苍县茶叶现代农业园区
	万源市茶叶现代农业园区
	理塘县蔬菜现代农业园区
	富顺县柑橘现代农业园区
	攀枝花市仁和区芒果现代农业园区
	合江县荔枝现代农业园区
	眉山市彭山区葡萄现代农业园区
	武胜县蚕桑现代农业园区
	宁南县蚕桑现代农业园区
四川省三星级 现代农业园区 （15 个）	新津县稻渔现代农业园区
	宜宾市南溪区酿酒专用粮现代农业园区
	犍为县茉莉花茶现代农业园区
	广元市朝天区蔬菜现代农业园区
	蓬溪县食用菌现代农业园区
	泸定县食用菌现代农业园区
	汉源县花椒现代农业园区
	广元市昭化区猕猴桃现代农业园区
	井研县柑橘现代农业园区

（续）

类　　别	园区名称
四川省三星级 现代农业园区 （15个）	南部县柑橘现代农业园区
	青神县柑橘现代农业园区
	资阳市雁江区柑橘现代农业园区
	仪陇县蚕桑现代农业园区
	汶川县樱桃现代农业园区
	中江县中药材现代农业园区

表2-6　2020年度四川省星级农业园区

类　　别	园区名称
四川省五星级 现代农业园区 （7个）	宁南县蚕桑现代农业园区
	合江县荔枝现代农业园区
	富顺县柑橘现代农业园区
	开江县稻渔现代农业园区
	眉山市彭山区葡萄现代农业园区
	理塘县蔬菜现代农业园区
	攀枝花市仁和区芒果现代农业园区
四川省四星级 现代农业园区 （11个）	汉源县花椒现代农业园区
	仪陇县蚕桑现代农业园区
	犍为县茉莉花茶现代农业园区
	宜宾市南溪区酿酒专用粮现代农业园区
	汶川县樱桃现代农业园区
	蓬溪县食用菌现代农业园区
	广元市朝天区蔬菜现代农业园区
	中江县中药材现代农业园区
	广元市昭化区猕猴桃现代农业园区
	成都市新津区稻渔现代农业园区
	资阳市雁江区柑橘现代农业园区
四川省三星级 现代农业园区 （41个）	自贡市大安区肉鸡现代农业园区
	南充市高坪区猪＋柑橘现代农业园区
	渠县粮油现代农业园区
	宣汉县肉牛现代农业园区
	阿坝县青稞现代农业园区
	剑阁县粮油现代农业园区
	兴文县粮油现代农业园区
	绵阳市涪城区蚕桑现代农业园区

（续）

类　　别	园区名称
四川省三星级现代农业园区（41个）	威远县无花果现代农业园区
	大竹县粮油现代农业园区
	金堂县食用菌现代农业园区
	乐山市市中区水产现代农业园区
	红原县牦牛现代农业园区
	德阳市旌阳区粮油现代农业园区
	泸县高粱＋油菜现代农业园区
	乐至县葡萄＋猪现代农业园区
	绵阳市安州区油菜＋水稻现代农业园区
	内江市市中区水产现代农业园区
	荣县粮油现代农业园区
	泸州市江阳区蔬菜现代农业园区
	平昌县茶叶＋猪现代农业园区
	夹江县茶叶现代农业园区
	绵竹市猕猴桃现代农业园区
	南充市嘉陵区蚕桑现代农业园区
	米易县蔬菜＋水稻现代农业园区
	金川县梨现代农业园区
	金阳县青花椒现代农业园区
	天全县水产现代农业园区
	青川县食用菌现代农业园区
	巴中市巴州区枳壳现代农业园区
	石渠县蔬菜现代农业园区
	华蓥市梨现代农业园区
	大邑县粮油现代农业园区
	仁寿县水稻＋油菜现代农业园区
	岳池县粮油现代农业园区
	盐源县苹果现代农业园区
	筠连县肉牛现代农业园区
	宜宾市翠屏区茶叶现代农业园区
	昭觉县蔬菜＋肉牛现代农业园区
	遂宁市安居区水稻＋油菜＋渔现代农业园区
	甘孜县青稞现代农业园区

表 2－7　2021 年度四川省星级农业园区

类　别	园区名称
四川省五星级 现代农业园区 （12 个）	大邑县粮油现代农业园区
	米易县稻菜现代农业园区
	泸县粮油现代农业园区
	大竹县粮油现代农业园区
	自贡市大安区肉鸡现代农业园区
	红原县牦牛现代农业园区
	广元市朝天区蔬菜现代农业园区
	汉源县花椒现代农业园区
	威远县无花果现代农业园区
	犍为县茉莉花农旅现代农业园区
	宜宾市翠屏区茶叶现代农业园区
	巴中市巴州区中药材现代农业园区
四川省四星级 现代农业园区 （19 个）	荣县粮油现代农业园区
	德阳市旌阳区粮油现代农业园区
	剑阁县粮油现代农业园区
	岳池县粮油现代农业园区
	仁寿县粮油现代农业园区
	宣汉县肉牛现代农业园区
	昭觉县肉牛蔬菜现代农业园区
	天全县冷水鱼现代农业园区
	泸州市江阳区蔬菜现代农业园区
	石渠县蔬菜现代农业园区
	金堂县食用菌现代农业园区
	南部县柑橘现代农业园区
	青神县柑橘现代农业园区
	华蓥市梨现代农业园区
	乐至县葡萄现代农业园区
	盐源县苹果现代农业园区
	平昌县茶叶现代农业园区
	绵阳市涪城区蚕桑现代农业园区
	南充市嘉陵区蚕桑现代农业园区
四川省三星级 现代农业园区 （31 个）	彭州市稻菜现代农业园区
	成都市新都区稻菜现代农业园区
	成都市青白江区稻菜现代农业园区

（续）

类　　别	园区名称
四川省三星级 现代农业园区 （31 个）	自贡市贡井区高粱蔬菜现代农业园区
	梓潼县粮油现代农业园区
	苍溪县粮油现代农业园区
	射洪市粮油现代农业园区
	内江市东兴区稻菜现代农业园区
	营山县稻渔现代农业园区
	巴中市恩阳区粮油现代农业园区
	会东县粮烟现代农业园区
	古蔺县肉牛现代农业园区
	盐亭县水产现代农业园区
	通江县食用菌现代农业园区
	宝兴县食用菌现代农业园区
	雅江县食用菌现代农业园区
	广元市利州区食用菌现代农业园区
	蓬安县花椒现代农业园区
	广安市前锋区花椒现代农业园区
	邻水县脐橙现代农业园区
	丹棱县柑橘现代农业园区
	雷波县脐橙现代农业园区
	德阳市罗江区枣子现代农业园区
	达州市通川区蓝莓现代农业园区
	茂县李子苹果现代农业园区
	马边彝族自治县茶叶现代农业园区
	宜宾市叙州区茶叶现代农业园区
	高县茶叶现代农业园区
	雅安市雨城区藏茶现代农业园区
	乐山市沙湾区中药材现代农业园区
	珙县蚕桑现代农业园区

表 2-8　2022 年度四川省星级农业园区

类　　别	园区名称
四川省五星级 现代农业园区 （14 个）	成都市新津区粮油现代农业园区
	剑阁县粮油现代农业园区
	岳池县粮油现代农业园区
	仁寿县粮油现代农业园区

（续）

类　别	园区名称
四川省五星级 现代农业园区 （14个）	宜宾市南溪区酿酒专用粮现代农业园区
	金堂县食用菌现代农业园区
	石渠县蔬菜现代农业园区
	广元市昭化区猕猴桃现代农业园区
	汶川县樱桃现代农业园区
	盐源县苹果现代农业园区
	中江县中药材现代农业园区
	南充市嘉陵区蚕桑现代农业园区
	宣汉县肉牛现代农业园区
	天全县水产现代农业园区
四川省四星级 现代农业园区 （30个）	绵阳市安州区粮油现代农业园区
	梓潼县粮油现代农业园区
	苍溪县粮油现代农业园区
	遂宁市安居区粮油现代农业园区
	兴文县粮油现代农业园区
	渠县粮油现代农业园区
	巴中市恩阳区粮油现代农业园区
	射洪市粮食现代农业园区
	成都市新都区稻菜现代农业园区
	内江市东兴区稻菜现代农业园区
	阿坝县青稞现代农业园区
	甘孜县青稞现代农业园区
	彭州市菜稻现代农业园区
	自贡市贡井区蔬菜高粱现代农业园区
	广元市利州区食用菌现代农业园区
	青川县食用菌现代农业园区
	通江县食用菌现代农业园区
	广安市前锋区花椒现代农业园区
	金阳县青花椒现代农业园区
	井研县柑橘生猪种养循环现代农业园区
	丹棱县柑橘生猪种养循环现代农业园区
	夹江县茶叶生猪种养循环现代农业园区
	宜宾市叙州区茶叶现代农业园区
	雅安市雨城区藏茶现代农业园区

（续）

类　　别	园区名称
四川省四星级 现代农业园区 （30个）	乐山市沙湾区中药材现代农业园区
	珙县蚕桑现代农业园区
	古蔺县肉牛现代农业园区
	盐亭县水产现代农业园区
	内江市市中区水产现代农业园区
	乐山市市中区水产现代农业园区
四川省三星级 现代农业园区 （48个）	简阳市粮油现代农业园区
	绵竹市粮油现代农业园区
	江油市粮油现代农业园区
	营山县粮油现代农业园区
	西充县粮油现代农业园区
	邻水县粮油现代农业园区
	广安市广安区粮油现代农业园区
	南江县粮油现代农业园区
	资阳市雁江区粮油现代农业园区
	乐至县粮油现代农业园区
	富顺县水稻高粱现代农业园区
	叙永县糯稻现代农业园区
	成都市温江区稻菜现代农业园区
	成都市郫都区稻菜现代农业园区
	乐山市五通桥区稻菜现代农业园区
	汉源县稻菜现代农业园区
	眉山市东坡区稻菜现代农业园区
	仪陇县稻药现代农业园区
	武胜县稻渔现代农业园区
	大竹县稻渔现代农业园区
	泸州市江阳区高粱油菜现代农业园区
	布拖县马铃薯现代农业园区
	安岳县粮经复合现代农业园区
	什邡市菜稻现代农业园区
	南充市顺庆区菜粮现代农业园区
	小金县蔬菜现代农业园区
	自贡市沿滩区花椒大豆现代农业园区
	南充市高坪区花椒生猪种养循环现代农业园区

（续）

类　　别	园区名称
四川省三星级 现代农业园区 （48个）	成都市龙泉驿区桃现代农业园区
	盐边县芒果现代农业园区
	石棉县枇杷生猪种养循环现代农业园区
	乡城县苹果藏猪种养循环现代农业园区
	越西县苹果现代农业园区
	九寨沟县葡萄现代农业园区
	西昌市葡萄现代农业园区
	德昌县桑葚现代农业园区
	泸州市纳溪区茶叶生猪种养循环现代农业园区
	北川羌族自治县茶叶生猪种养循环现代农业园区
	沐川县茶叶生猪种养循环现代农业园区
	屏山县茶叶生猪种养循环现代农业园区
	荥经县茶叶生猪种养循环现代农业园区
	大英县中药材现代农业园区
	乐山市金口河区中药材现代农业园区
	达州市达川区中药材现代农业园区
	长宁县肉牛现代农业园区
	若尔盖县牦牛现代农业园区
	色达县牦牛现代农业园区
	江安县水产现代农业园区

五、乡村改革

　　四川作为改革开放的发源地之一，素有"敢为天下先"的改革精神，在农村改革中始终走在全国前列。四川在全国率先以放活土地经营权为重点推进"三权分置"，聚焦激活农村内生动力和发展效力。2019年全省启动"两项改革"，改革后，全省乡镇（街道）减少1 509个、建制村减少19 078个、村民小组减少153 713个、优化新增社区457个。"两项改革"被列为中国改革2020年度唯一省级特别案例。四川第二轮土地承包最早将于2025年到期，集中到期时间为2027—2029年。2020年，四川已率先在青神、什邡、苍溪等3个县（市）开展第二轮土地承包到期后再延长30年试点。目前，四川土地承包经营权颁证率达97.5%、土地流转率达40.5%，农村集体产权制度改革已基本完成。在农村改革试验区建设方面，目前四川有35个改革试验区，其中全国农村改革试验区5个。

六、城乡融合

在乡村振兴、农业供给侧结构性改革等战略的推动下，四川城乡融合发展速度显著加快，新业态、新产品不断涌现，并形成了许多四川特色的城乡融合发展模式，城乡融合发展体制机制不断健全，城乡要素双向流动不断加快，农业农村日益成为投资兴业的热土。四川约有 8 300 个村开展了休闲农业和乡村旅游接待，占乡村总数比重超过 30％。有乡村旅游的村居民人均可支配收入达 2 万元以上的约占 46.7％，比没有乡村旅游的村高 29 个百分点。"十三五"期间，四川乡村地区限额以上批发零售业和住宿餐饮业实现网络销售重大突破，2021 年实现网络零售额和餐饮收入 27.7 亿元，比 2016 年增加 27.4 亿元，农产品销售正走出一条信息化、现代化发展的新路子。2020 年，农村网络零售额实现 1 452.67 亿元，同比增长 19.1％，较 2019 年同期提升 0.17 个百分点，在全省整体网络零售中占比达到 24.7％。其中，农产品网络零售额实现 304.19 亿元，同比增长 46.42％，较全国高出 8.72 个百分点。但总体上看，四川城乡发展不平衡、农村发展不充分的问题仍然突出，城乡融合发展体制机制尚未建立。长期以来，城乡二元结构导致农村的人才、土地、资本要素单向流入城市，城市人才、技术要素流入农村的路径还没有完全打通。

第二节　四川乡村发展地域分异

在村域范围内实施乡村振兴战略，不能一概而论，要根据不同的地域特征、经济基础、人口状况等因素将其划分为不同类型，分类比较分析，探究不同类型乡村的发展特色，针对性提出乡村"五大振兴"实施路径，以村域为载体分类有序推进乡村振兴，为解决城乡发展不平衡、乡村发展不充分问题提供决策路径。根据地形、地貌、气候、土壤、县域乡村经济发展情况，可以将四川省分为成都平原区、川中丘陵区、盆周山地区、川西高原区和攀西地区五个综合农业分区，其中川西高原和攀西地区合并为高原民族地区。

项目组对四个区域开展实地调研，共计调研 166 个村，其中，成都平原、川中丘陵区、盆周山地区、高原民族地区的样本村分别占比 14％、17％、10％、59％。下文通过样本村调研数据详细分析四个综合农业分区在基础条件、产业发展、生态环境、乡风文明建设、乡村治理、生活水平等方面的具体情况。

一、成都平原区

成都平原区包括成都、德阳、乐山、绵阳和眉山 5 个市的 22 个县（市、区），历来是川内自然条件最优越的地区，凭借优良的地理条件和湿润气候，自古以来就是"天府之国"的重要腹地。区域内地势低平，耕地集中连片，以平原为主。土壤类型以渗育型水稻土、潜育型水稻土和淹育型水稻土为主。土壤立地条件较好，耕地质量等级以中等偏上为主。部分耕地存在土壤酸化和滞水潜育等障碍因素。夏季高温多雨、冬季温和少雨，年降水量900～1 200毫米，大部分区域属于都江堰灌区。农作物以一年两熟为主，是四川省水稻、小麦、玉米、油菜和蔬菜的重要产区，肩负着在新时代打造更高水平的"天府粮仓"核心区的重要使命。良好的自然条件为成都平原区农业发展和乡村振兴提供了较好的基础，同时基于发达的经济条件，农民生活水平、生态环境、乡村治理等均在全省处于领先水平。

根据调研数据，成都平原区样本村距离县、镇及高速公路入口较近，交通通达性良好；耕地相对较多且地势平坦、土壤肥沃；乡村人力资源丰富，样本村平均总人口、常住人口、农业劳动力数量均高于其他区域，得天独厚的自然和区位优势为乡村振兴提供了动力支撑。成都平原区样本村新型农业经营主体数量远高于其他区域，有力带动了区域农业发展；超过七成的样本村有特色农产品，且农产品有品牌的比例及进行网上销售的比例高于其他区域；七成的样本村发展了休闲农业和乡村旅游，农旅融合发展有效推动了区域乡村产业振兴。成都平原区样本村图书馆、文化站个数位居四个区域之首，村民在其中的学习频率也最高；举办思想政治宣传、科普宣传、法律宣传等活动较为频繁，乡风文明建设取得较好的成效。成都平原区样本村党员比例位列各区域第一，村干部中大学生数量也远高于其他区域，在乡村治理方面具有良好的基础。成都平原区样本村农户人均纯收入在各区中占据绝对优势，农户使用有线电视、宽带、智能手机的比例较高，超过七成农户拥有私家车，农户生活水平较高。

（一） 基础条件情况

1. 区位状况

地势平坦，交通条件优越，成都平原区乡村具有良好的区位优势，样本村平均距离镇（乡）5.8千米、距离县（市、区）19.47千米，样本村具体分布如图2-2、图2-3所示。

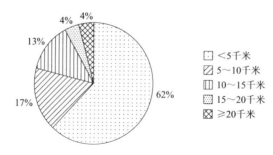

图2-2 成都平原区样本村与镇（乡）距离分布情况

2. 文旅资源情况

样本村中有风景名胜或文物古迹的村占比为42%，主要为故居等历史文物；有自然保护区的村占比为 17%。

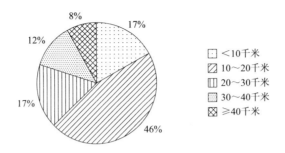

图 2-3　成都平原区样本村与县（市、区）距离分布情况

3. 人口情况

成都平原区乡村人力资源较其他区域丰富，根据调研数据，样本村平均户数、总人口、常住人口、农业劳动力均高于其他区域。具体为，样本村平均户数为 1 023 户；平均每村总人口为 3 053 人，如图 2-4 所示，超过八成的村总人口为 2 000～4 000 人；平均每村农业劳动力为 1 442 人；平均每村常住人口为 2 412 人；样本村外出务工人数占比为 23%，由图 2-5 可知，其中有一半的村外出务工人数占比为 20%～40%，有 42% 的村外出务工人数占比小于 20%。

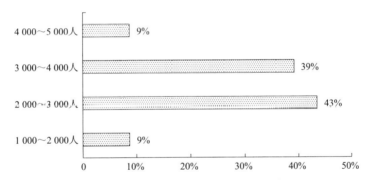

图 2-4　成都平原区样本村总人口数量分布情况

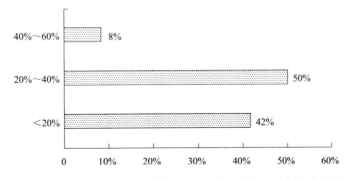

图 2-5　成都平原区样本村外出务工人数占总人口比例分布情况

4. 耕地资源情况

成都平原区耕地相对较丰富，样本村平均耕地面积为 3 998 亩，人均耕地面积为 1.25 亩；样本村平均山地面积为 1 213 亩，人均山地面积为 0.36 亩；样本村平均林果地面积为 3 672 亩，人均林果地面积为 1.05 亩，具体分布如图 2-6 所示。

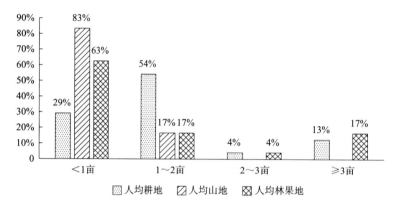

图 2-6 成都平原区样本村人均耕地资源分布情况

5. 交通情况

成都平原区交通便利，道路设施状况较好，样本村平均距最近的高速入口为 13.04 千米，距最近的汽车站 27.68 千米。在通村公路方面，有 52% 的样本村为柏油路，48% 的村为水泥路；在村内主要道路方面，有 22% 的样本村为柏油路，78% 的村为水泥路，如图 2-7 所示。

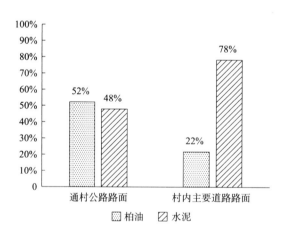

图 2-7 成都平原区样本村交通条件

6. 科教文卫设施情况

如图 2-8 所示，样本村平均百货店数量为 2.52 个，平均卫生院数量为 0.27 个，平均药店数量为 1.43 个，平均体育场数量为 1.14 个，平均老年活动中心数量为

1.41 个，平均敬老院数量为 0.19 个，平均幼儿园数量为 0.41 个。

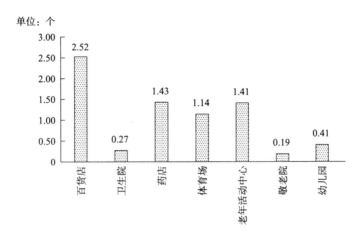

图 2 - 8　成都平原区科教文卫设施情况

7. 生活用水及燃料情况

样本村生活用水以自来水为主，辅以山泉水；燃料以煤气、天然气为主，部分使用电和柴草。

（二）产业发展情况

1. 新型经营主体发展情况

样本村平均新型经营主体数量为 9.13 个，超过 90％ 的村新型主体个数小于 15 个，具体分布如图 2 - 9 所示。有 29％ 的村有省级以上农产品企业品牌。

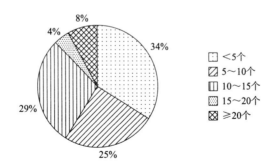

图 2 - 9　成都平原区样本村新型经营主体数量分布情况

样本村平均参加合作社的农户为 507 户，样本数据中参与合作社的农户占总户数的 47％，各村入社农户占比呈现较强的异质性，由图 2 - 10 可知，入社比例低于 20％ 和高于 60％ 的村各占四成左右。

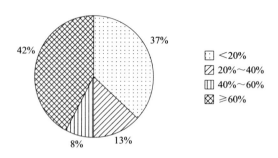

图 2-10 成都平原区样本村入社农户占村总户数分布情况

2. 特色产业发展情况

样本村中有 75% 的村有特色农产品，主要发展的产业为柑橘和茶叶，具体分布如图 2-11 所示。在样本村的特色产业中，有 36% 的特色农产品有自己的品牌，有 59% 的农产品开通了网上销售渠道。

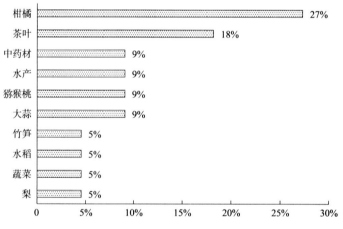

图 2-11 成都平原区样本村特色产业发展情况

3. 休闲农业和乡村旅游发展情况

成都平原区凭借其交通、区位优势，大力发展休闲农业和乡村旅游，样本村中有 70% 的村发展了休闲农业和乡村旅游。部分村在乡村旅游发展中积极盘活闲置资源，发展民宿等产业，获得了较高的收入。

在推进特色产业发展过程中，成都平原区积极探索新机制新模式新路径，推动乡村产业振兴。在调研中发现，不少村积极引进新品种、开发新产品、打造新业态，探索集体经济发展新模式，发挥典型示范作用带动群众共同参与，取得了不少成效。但在发展中也存在资金短缺、道路等基础设施薄弱、农产品加工配套不足、管理经验缺乏、技能人才不足等瓶颈，仍需在整合社会资源、加大投入力度、引进和培养人才等方面持续发力。

（三） 生态环境情况

1. 畜禽粪污资源化利用情况

样本村畜禽粪污综合利用率较高，平均值达 92%。

2. 垃圾处理情况

因距离城镇较近，样本村的垃圾处理方式全部为转运到城镇处理。

3. 生态环境发展满意度情况

在农户对本村生态环境发展满意度方面，样本村中，有 96% 的村的农户对本村生态环境非常满意，有 4% 的村为比较满意；100% 的村的农户对本村村容村貌非常满意；92% 的村的农户对本村河流或湖泊水质情况非常满意，有 8% 的村为比较满意；4% 的村的农户对本村周围噪声影响程度非常满意，有 92% 的村为比较满意，有 4% 的村为一般满意，见表 2-9。

表 2-9　成都平原区样本村农户对本村生态环境发展满意度

	非常不满意	比较不满意	一般满意	比较满意	非常满意
生态环境	—	—	—	4%	96%
村容村貌	—	—	—	—	100%
河流或湖泊水质情况	—	—	—	8%	92%
周围噪声影响程度	—	—	4%	92%	4%

（四） 乡风文明建设情况

1. 教育情况

样本村学龄儿童入学率为 100%。样本村平均受教育年限为 9.87 年，由图 2-12 可见，其中平均受教育年限为 6 年及以下的村占比 6%，平均受教育年限为 7~9 年的村占比 50%，平均受教育年限为 10~12 年的村占比 44%。

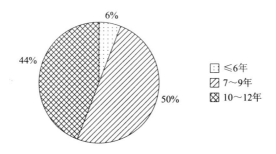

图 2-12　成都平原区样本村受教育年限分布情况

2. 文化场所及学习氛围情况

样本村平均每 1 000 个常住人口拥有文化场所 1.50 个，平均有图书馆、文化站

1.48个。样本村村民进入本村图书馆/文化站学习非常频繁的村占5%，比较频繁的村占52%，频率一般的村占39%，比较不频繁的村占4%，如图2-13所示。

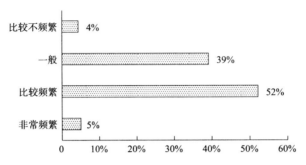

图2-13　成都平原区样本村村民进入本村图书馆/文化站学习频率分布情况

3. 结婚彩礼费用情况

样本村结婚彩礼费用在1万元以内的村占比4%，在1万～3万元的村占比9%，在3万～5万元的村占比35%，在5万～10万元的村占比43%，在10万元以上的村占比9%，如图2-14所示。

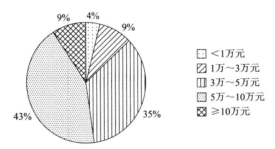

图2-14　成都平原区样本村结婚彩礼费用分布情况

4. 思想政治宣传等活动情况

在举办思想政治宣传、科普宣传、法律宣传等活动方面，有52%的样本村非常频繁，有35%的样本村比较频繁，有9%的样本村频率一般，有4%的样本村比较不频繁，如图2-15所示。

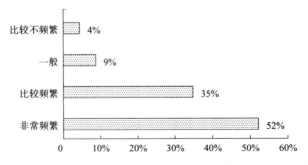

图2-15　成都平原区样本村举办思想政治宣传等活动频率分布情况

（五）乡村治理情况

1. 基层党组织建设情况

样本村平均党员人数为 106 人，党员人数占总人数的比例为 3.42%。样本村有 91% 的村为村党组织书记兼任村委会主任，平均村干部中大学生人数为 3.62 人。样本村均设有村民理事会，均有村规民约。

2. 乡村治理满意度情况

样本村农户对本村乡村治理满意度非常高，对政务村务公开、法治乡村建设、社会安全、乡村干部廉政非常满意的比例均达 96% 以上，见表 2-10。

表 2-10 成都平原区样本村农户对本村乡村治理满意度

	非常不满意	比较不满意	一般满意	比较满意	非常满意
政务村务公开	—	—	—	4%	96%
法治乡村建设	—	—	—	4%	96%
社会安全	—	—	—	4%	96%
乡村干部廉政	—	—	—	—	100%

（六）生活水平情况

1. 农户人均纯收入情况

样本村平均人均纯收入为 2.87 万元/年，其中农户人均纯收入在 1 万～2 万元的村占比 23%，在 2 万～3 万元的村占比 41%，在 3 万元及以上的村占比 36%，如图 2-16 所示。

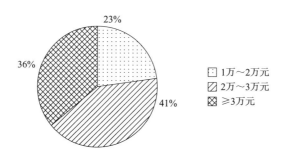

图 2-16 成都平原区样本村农户人均纯收入分布情况

2. 农户购买保险情况

样本村平均购买农村养老保险的家庭户数为 859 户，样本中购买户数占总户数的 84%；样本村平均购买农业保险的家庭户数为 663 户，样本中购买户数占总户数的 65%。

3. 农户拥有部分智能设备及资产情况

样本村中平均使用有线电视的占比 92%，使用宽带的占比 88%，使用智能手机的占比 95%，拥有私家车的占比 77%。

二、川中丘陵区

川中丘陵区主要位于四川盆地底部，包括遂宁、南充、自贡等 16 个市的 70 个县（市、区）。川中丘陵区地形复杂多样，垂直变化明显。土壤类型以紫色土和水稻土为主，其次为黄壤、新积土。土壤立地条件一般，耕地质量等级以中等为主。沟谷区耕地土层较厚，降水充沛，但存在土壤潜育化、田间排水不畅等问题；山丘中上部耕地土层较薄，坡度较大，存在耕地破碎，土壤酸化、贫瘠化和水土流失等问题。该区年降水量为 900~1 000 毫米，冬干春旱明显，存在季节性缺水问题。农作物以一年两熟为主，是四川省水稻、小麦、玉米、高粱和薯类的重要产区。川中丘陵区是四川省粮、果、桑等多种经营主产区，劳动力资源丰富，是四川省劳动力输出的主要地区，但该区域农业基础条件较差，耕地垦殖率高，中低产田比例高，土地生产力低，农业后备资源缺乏。

根据调研数据，川中丘陵区乡村振兴发展基础、发展水平相对较好。样本村距离县、镇及高速公路入口相对较近，交通通达性较好，但路面以水泥路为主，柏油路较少；人均耕地较少，土地资源较为紧缺；乡村人力资源相对丰富，样本村平均总人口、常住人口、农业劳动力数量居于四个区域中的第二位，但外出务工比例较高，占据样本村总人数的 40%。川中丘陵区样本村新型农业经营主体数量不及成都平原区，但高于盆周山地区和高原民族地区，同时参加合作社的户数占比超过一半，新型经营主体对地区产业的发展起到一定带动作用；仅有半数样本村有特色农产品，且农产品有品牌的比例及进行网上销售的比例均不高；仅有 21% 的村发展了休闲农业和乡村旅游，乡村产业振兴仍需持续发力。川中丘陵区样本村图书馆、文化站个数相对较多，但村民学习积极性不足，需加大教育引导力度，营造良好学习氛围。川中丘陵区样本村党员比例位于各区域第二，村干部中大学生数量相对较少，需加大人才招引、培养力度。川中丘陵区样本村农户人均纯收入在各区中居于第二，但农户使用有线电视、宽带、智能手机的比例较低。

（一）基本情况

1. 区位状况

样本村平均距离镇（乡）4.49 千米、距离县（市、区）37.09 千米，具体距离分布情况如图 2-17、图 2-18 所示。

2. 文旅资源情况

样本村中有风景名胜或文物古迹的村占比为 32%，主要为寺庙等文物古迹；有自然保护区的村占比为 7%。

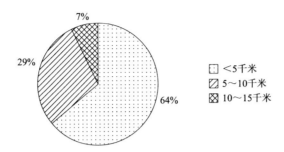

图 2-17　川中丘陵区样本村与镇（乡）距离分布情况

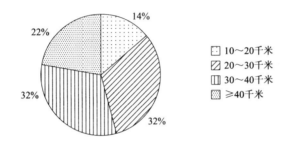

图 2-18　川中丘陵区样本村与县（市、区）距离分布情况

3. 人口情况

样本村平均户数为 947 户，平均每村总人口为 2 980 人，如图 2-19 所示，大部分样本村的人数为 2 000~4 000 人；平均每村农业劳动力为 1 165 人；平均每村常住人口为 1 559 人；样本村外出务工人数占总人数的 40%，其中，50% 的村外出务工比例为 20%~40%，具体比例分布如图 2-20 所示。

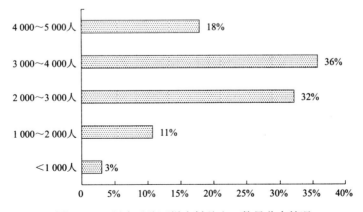

图 2-19　川中丘陵区样本村总人口数量分布情况

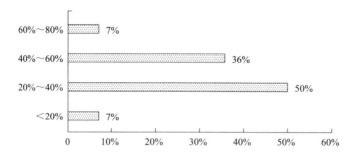

图 2-20 川中丘陵区样本村外出务工人数占总人口比例分布情况

4. 耕地资源情况

样本村平均耕地面积为 3 183 亩，人均耕地面积为 1.03 亩；样本村平均山地面积为 2 507 亩，人均山地面积为 0.81 亩；样本村平均林果地面积为 1 131 亩，人均林果地面积为 0.35 亩。具体人均土地资源情况如图 2-21 所示。

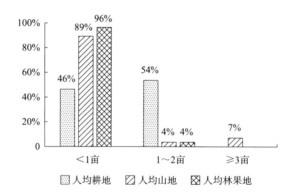

图 2-21 川中丘陵区样本村人均耕地资源分布情况

5. 交通情况

样本村平均距最近的高速入口 12.06 千米，距最近的汽车站 14.04 千米。有 8% 的样本村通村公路和村内主要道路路面为柏油路，92% 的村为水泥路，如图 2-22 所示。

6. 科教文卫设施情况

样本村平均百货店数量为 3 个，平均卫生院数量为 0.58 个，平均药店数量为 1.08 个，平均体育场数量为 0.48 个，平均老年活动中心数量为 0.72 个，平均敬老院数量为 0.15 个，平均幼儿园数量为 0.42 个，平均小学数量为 0.28 个，平均中学数量为 0.27 个，如图 2-23 所示。

7. 生活用水及燃料情况

样本村生活用水以自来水和井水为主；燃料以煤气、天然气为主，部分使用电和柴草。

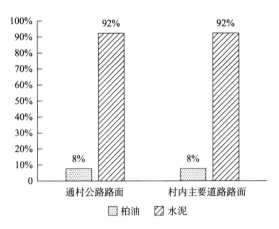

图 2 - 22　川中丘陵区交通条件

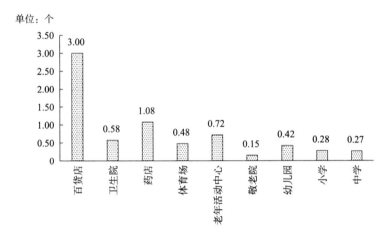

图 2 - 23　川中丘陵区科教文卫设施情况

（二）产业发展情况

1. 新型经营主体发展情况

样本村平均新型经营主体数量为 6.16 个，超过 70％ 的村新型主体个数小于 5 个，如图 2 - 24 所示。此外，有 11％ 的村有省级以上农产品企业品牌。

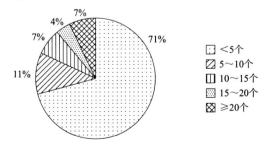

图 2 - 24　川中丘陵区样本村新型经营主体数量分布情况

样本村平均参加合作社的农户有547户，在所有样本中参与合作社的农户占总户数的54%，各村入社农户占比具有较大的差异，有32%的村入社比例低于20%，有43%的村入社比例高于60%，如图2-25所示。

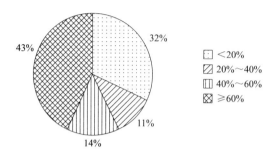

图2-25　川中丘陵区样本村入社农户占村总户数分布情况

2. 特色产业发展情况

样本村中有54%的村有特色农产品，主要发展的产业为柠檬、柑橘，具体分布如图2-26所示。在样本村的特色产业中，有10%的特色农产品有自己的品牌，有35%的农产品开通了网上销售渠道。

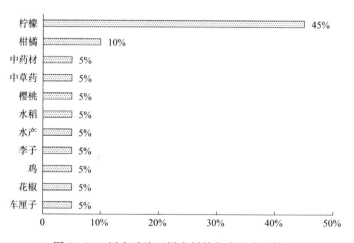

图2-26　川中丘陵区样本村特色产业发展情况

3. 休闲农业和乡村旅游发展情况

川中丘陵区休闲农业和乡村旅游发展相对滞后，样本村中仅有21%的村发展了休闲农业和乡村旅游，从中获得的收益较少。

在调研中发现，在推进产业发展的过程中，部分村创新了发展方式，比如积极探索果园间作中药材等种植模式，在鲜果产销的基础上深入开发深加工，引进龙头企业开展农旅融合项目，以乡村旅游带动农产品销售，积极发展合作社通过土地流转和务工促进村民增收，通过大户示范带动群众发展等。但受限于地形地貌和不完善的道路、水利等基础设施，部分区域无法实现规模化、机械化种植，影响生产效率提升，同时，也存在缺少资金投入、缺乏先进技术、缺乏稳定的销售渠道等问题。

（三） 生态环境情况

1. 畜禽粪污资源化利用情况

川中丘陵区畜禽粪污综合利用率相对较高，样本村平均畜禽粪污综合利用率为86%。

2. 垃圾处理情况

垃圾转运到城镇处理的村占比为85%；在村内卫生填埋（有防渗）的村占比为4%；无集中收集、各家自行解决的村占比为11%，如图2-27所示。

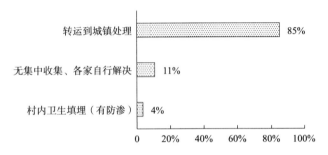

图2-27　川中丘陵区样本村垃圾处理情况

3. 生态环境发展满意度情况

在农户对本村生态环境发展满意度方面，有53%的村的农户对本村生态环境非常满意，有43%的村为比较满意，有4%的村为一般满意；46%的村的农户对本村村容村貌非常满意，有50%的村为比较满意，有4%的村为一般；43%的村的农户对本村河流或湖泊水质情况非常满意，有53%的村为比较满意，有4%的村为一般满意；64%的村的农户对本村周围噪声影响程度非常满意，有28%的村为比较满意，有4%的村为一般满意，有4%的村为比较不满意（见表2-11）。

表2-11　川中丘陵区样本村农户对本村生态环境发展满意度

	非常不满意	比较不满意	一般满意	比较满意	非常满意
生态环境	—	—	4%	43%	53%
村容村貌	—	—	4%	50%	46%
河流或湖泊水质情况	—	—	4%	53%	43%
周围噪声影响程度	—	4%	4%	28%	64%

（四） 乡风文明建设情况

1. 教育情况

样本村学龄儿童入学率为100%。样本村平均受教育年限为9.52年，其中平均受教育年限为 6 年及以下的村占比 5%，平均受教育年限为 7～9 年的村占比 67%，平均受教育年限为 10～12 年的村占比 28%，如图 2-28 所示。

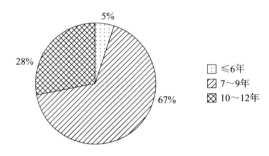

图 2-28　川中丘陵区样本村受教育年限分布情况

2. 文化场所及学习氛围情况

样本村平均每 1 000 个常住人口拥有文化场所 0.98 个，平均有图书馆、文化站 1.27 个。样本村村民进入本村图书馆/文化站学习非常频繁的村占 7%，比较频繁的村占 22%，频率一般的村占 64%，非常不频繁的村占 7%，如图 2-29 所示。

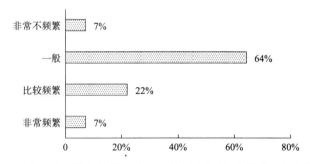

图 2-29　川中丘陵区样本村村民进入本村图书馆/文化站学习频率分布情况

3. 结婚彩礼费用情况

样本村结婚彩礼费用在 1 万元以内的村占比 11%，在 1 万～3 万元的村占比 22%，在 3 万～5 万元的村占比 26%，在 5 万～10 万元的村占比 33%，在 10 万元以上的村占比 8%，如图 2-30 所示。

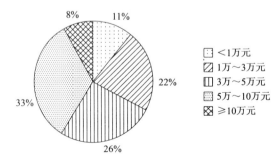

图 2-30　川中丘陵区样本村结婚彩礼费用分布情况

4. 思想政治宣传等活动情况

在举办思想政治宣传、科普宣传、法律宣传等活动方面，有32%的样本村非常频繁，有46%的样本村比较频繁，有14%的样本村频率一般，有4%的样本村比较不频繁，有4%的样本村非常不频繁，如图2-31所示。

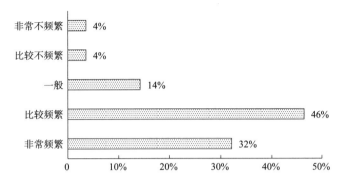

图2-31 川中丘陵区样本村举办思想政治宣传等活动频率分布情况

（五） 乡村治理情况

1. 基层党组织建设情况

样本村平均党员人数为82人，总的党员人数占总人数的比例为2.75%。样本村有96%的村为村党组织书记兼任村委会主任，平均村干部中大学生人数为1.33人。样本村均设有村民理事会，均有村规民约。

2. 乡村治理满意度情况

样本村农户对本村乡村治理比较满意，对政务村务公开、法治乡村建设、社会安全、乡村干部廉政非常满意的比例均达82%以上，见表2-12。

表2-12 川中丘陵区样本村农户对本村乡村治理满意度

	非常不满意	比较不满意	一般满意	比较满意	非常满意
政务村务公开	—	—	—	7%	93%
法治乡村建设	—	—	—	18%	82%
社会安全	—	—	—	14%	86%
乡村干部廉政	—	—	—	7%	93%

（六） 生活水平状况

1. 农户人均纯收入情况

样本村平均人均纯收入为1.83万元/年，其中农户人均纯收入小于1万元的村占比8%，1万～2万元的村占比56%，2万～3万元的村占比32%，3万元及以上的村占比4%，如图2-32所示。

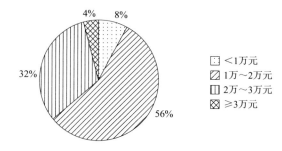

图 2-32　川中丘陵区样本村农户人均纯收入分布情况

2. 农户购买保险情况

样本村平均参加新型农村合作医疗的家庭户数为 933 户，参加户数占总户数的 96%；平均购买农村养老保险的家庭户数为 775 户，购买户数占总户数的 82%；平均购买农业保险的家庭户数为 474 户，购买户数占总户数的 50%。

3. 农户部分智能设备及资产情况

样本村中使用有线电视的占比 74%，使用宽带的占比 69%，使用智能手机的占比 92%，拥有私家车的占比 38%。

三、盆周山地区

盆周山地区主要位于盆地边缘，主要为川北秦巴山区、川南乌蒙山区等，包括泸州、绵阳等 9 个市的 33 个县（市、区）。盆周山地区以中低山地为主，是成都平原与周边高山、高原的过渡区域，海拔为 600～1 500 米。耕地主要分布在海拔较低的缓坡上，以坡耕地为主，地块小而散。土壤类型以黄壤和黄色石灰土为主，其次为黄棕壤、水稻土。土壤立地条件较差，耕地质量等级以中下等为主。山地土壤土层浅薄、贫瘠，水土流失严重，石漠化区域大。气候垂直变化显著，气候差异较大，年降水量 800～1 800 毫米。农作物以一年两熟和两年三熟为主，是四川省水稻、小麦、玉米和薯类的重要产区。区内水能、矿产资源丰富，农业后备资源较为丰富，但农业生产条件差，土地开发程度低，工业基础薄弱，山区地面坡面大，城市化进程缓慢。

根据调研数据，盆周山地区样本村距离县、镇及高速公路入口较远，相对来说不利于产业的发展；人均耕地较少、人均山地较多，不利于农业规模化、机械化发展；样本村平均常住人口、农业劳动力数量居四个区域末位，且外出务工比例超过 40%，劳动力短缺制约区域产业发展。盆周山地区样本村新型农业经营主体数量严重不足，同时参加合作社的农户比例较低，组织化程度不高；不到一半样本村有特色农产品，且农产品有品牌的比例及进行网上销售的比例均不高；仅有 12% 的样本村发展了休闲农业和乡村旅游。盆周山地区样本村图书馆、文化站个数较少，且村民学习积极性不足，需加大宣传教育力度。盆周山地区样本村党员比例不高，村干部中大学生数量仅高于川中丘陵区，需充实基层干部队伍。受产业发展限制，盆周山地区样本村农户人均纯收入在各区中最低。

（一） 基本情况

1. 区位状况

样本村平均距离镇（乡）7.30千米，距离县（市、区）45.29千米，具体分布情况如图2-33、图2-34所示。

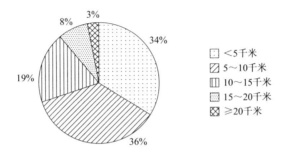

图2-33 盆周山地区样本村与镇（乡）距离分布情况

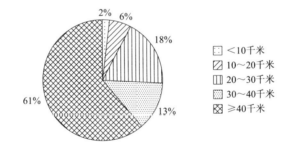

图2-34 盆周山地区样本村与县（市、区）距离分布情况

2. 文旅资源情况

样本村中有风景名胜或文物古迹的村占比为15%，主要为古村落等文物古迹；有自然保护区的村占比为5%。

3. 人口情况

样本村平均户数为651户，平均每村总人口为2 208人，具体人数分布如图2-35所示。平均每村农业劳动力为842人，平均每村常住人口为1 043人，样本村外出务工人数占比为43%，具体样本村外出务工占比如图2-36所示。

4. 耕地资源情况

样本村平均耕地面积为2 464亩，人均耕地面积为1.08亩；样本村平均山地面积为2 916亩，人均山地面积为1.17亩；样本村平均林果地面积为1 743亩，人均林果地面积为0.72亩。人均耕地、山地、林果地面积分布如图2-37所示。

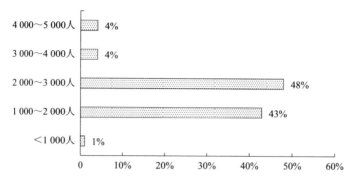

图 2-35　盆周山地区样本村总人口数量分布情况

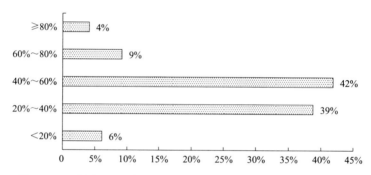

图 2-36　盆周山地区样本村外出务工人数占总人口比例分布情况

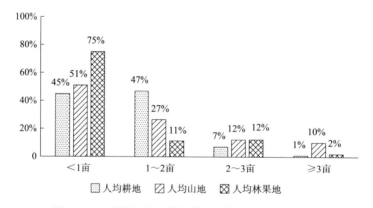

图 2-37　盆周山地区样本村人均耕地资源分布情况

5. 交通情况

样本村平均距最近的高速入口 38.45 千米，距最近的汽车站 22.49 千米。在通村公路方面，有 11% 的样本村为柏油路，89% 的村为水泥路；在村内主要道路方面，有 6% 的样本村为柏油路，94% 的村为水泥路，如图 2-38 所示。

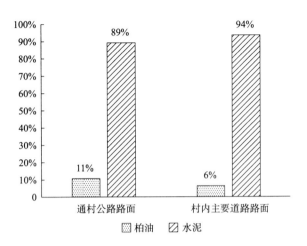

图 2 - 38　盆周山地区样本村交通条件

6. 科教文卫设施情况

样本村平均百货店数量为 6.13 个，平均卫生院数量为 0.94 个，平均药店数量为 2.11 个，平均体育场数量为 0.86 个，平均老年活动中心数量为 0.89 个，平均敬老院数量为 0.14 个，平均幼儿园数量为 0.60 个，平均小学数量为 0.72 个，平均中学数量为 0.11 个，如图 2 - 39 所示。

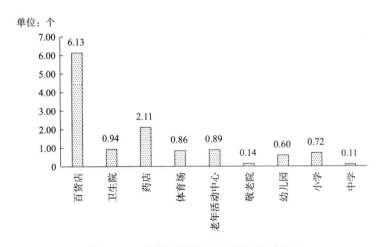

图 2 - 39　盆周山地区科教文卫设施情况

7. 生活用水及燃料情况

样本村生活用水以自来水为主，部分采用山泉水；燃料以柴草为主，部分使用天然气、煤气和电。

（二） 产业发展情况

1. 新型经营主体发展情况

样本村平均新型经营主体数量为 2.68 个，由图 2-40 可知，超过 80％的村新型主体个数小于 5 个。有 14％的村有省级以上农产品企业品牌。

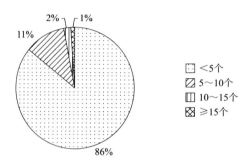

图 2-40　盆周山地区样本村新型经营主体数量分布情况

样本村平均参加合作社的农户有 184 户，所有样本中参与合作社的农户占总户数的 25％，如图 2-41 所示，各村入社农户占比均不高，超过 70％的村入社农户占村总户数的比例低于 20％。

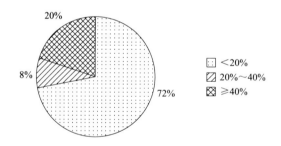

图 2-41　盆周山地区样本村入社农户占村总户数分布情况

2. 特色产业发展情况

样本村中有 47％的村有特色农产品，主要发展的产业为花椒、茶叶，具体分布如图 2-42 所示。在样本村的特色产业中，有 21％的特色农产品有自己的品牌，有 28％的农产品开通了网上销售渠道。

3. 休闲农业和乡村旅游发展情况

盆周山地区休闲农业和乡村旅游发展较差，样本村中仅有 12％的村发展了休闲农业和乡村旅游，对样本村的增收和产业带动效果非常有限。

在促进产业发展过程中，不少村形成了特有的发展方式，有的村由村干部率先示范，并吸引成功人士返乡创业或引进业主发展产业，以此带动群众共同发展；有的村利用本村优质水源等自然资源，积极发展集体经济；有的村以新型经营主体为抓手，推动农户加入合作社，实现大户带动小户共同发展。在发展中，盆周山地区受制于相对偏远的地理位置和薄弱的基础设施，引进产业相对困难；因现有产业规模不大，在品牌打造、技术投入和品质提升方面投入乏力，产品竞争力较弱；同时，劳动力短缺、生产资料价格上涨等因素对产业发展造成了较大的影响。

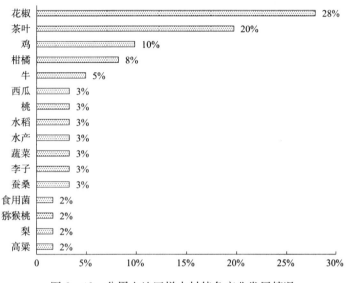

图 2-42 盆周山地区样本村特色产业发展情况

（三） 生态环境情况

1. 畜禽粪污资源化利用情况

盆周山地区畜禽粪污综合利用率较低，样本村平均畜禽粪污综合利用率为 73%。

2. 垃圾处理情况

样本村中，垃圾转运到城镇处理的村占 67%；无集中收集、各家自行解决的村占 16%；用村内小型焚烧炉处理的村占 1%；在村内卫生填埋（有防渗）的村占 8%；在村内卫生填埋（无防渗）的村占 5%；在村内露天堆放的村占 3%，如图 2-43 所示。

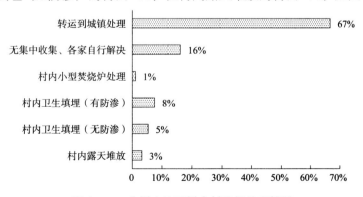

图 2-43 盆周山地区样本村垃圾处理情况

3. 生态环境发展满意度情况

在农户对本村生态环境发展满意度方面，有48%的村的农户对本村生态环境非常满意，有34%的村为比较满意，有18%的村为一般满意；49%的村的农户对本村村容村貌非常满意，有38%的村为比较满意，有11%的村为一般满意，有2%的村为比较不满意；50%的村的农户对本村河流或湖泊水质情况非常满意，有38%的村为比较满意，有11%的村为一般满意，有1%的村为比较不满意；60%的村的农户对本村周围噪声影响程度非常满意，有36%的村为比较满意，有4%的村为一般满意，见表2-13。

表2-13 盆周山地区样本村农户对本村生态环境发展满意度

	非常不满意	比较不满意	一般满意	比较满意	非常满意
生态环境	—	—	18%	34%	48%
村容村貌		2%	11%	38%	49%
河流或湖泊水质情况	—	1%	11%	38%	50%
周围噪声影响程度	—		4%	36%	60%

（四）乡风文明建设情况

1. 教育情况

样本村学龄儿童入学率为100%。样本村平均受教育年限为9.88年，其中平均受教育年限为6年及以下的村占比为7%，平均受教育年限为7~9年的村占比为44%，平均受教育年限为10~12年的村占比为49%，如图2-44所示。

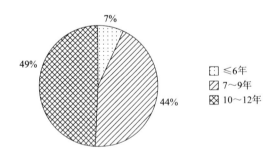

图2-44 盆周山地区样本村受教育年限分布情况

2. 文化场所及学习氛围情况

样本村平均每1 000个常住人口拥有文化场所1.04个，平均有图书馆、文化站1.19个。样本村村民进入本村图书馆/文化站学习非常频繁的村占4%，比较频繁的村占27%，频率一般的村占54%，比较不频繁的村占11%，非常不频繁的村占4%，如图2-45所示。

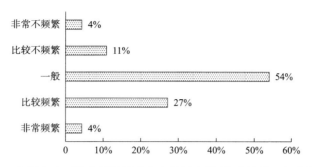

图 2-45　盆周山地区样本村村民进入本村图书馆/文化站学习频率分布情况

3. 结婚彩礼费用情况

样本村结婚彩礼费用在 1 万元以内的村占 10％，在 1 万～3 万元的村占 20％，在 3 万～5 万元的村占 36％，在 5 万～10 万元的村占 32％，集中在 10 万元以上的村占 2％，如图 2-46 所示。

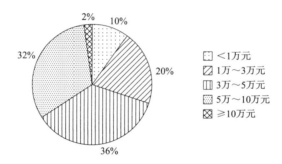

图 2-46　盆周山地区样本村结婚彩礼费用分布情况

4. 思想政治宣传等活动情况

在举办思想政治宣传、科普宣传、法律宣传等活动方面，有 23％的样本村非常频繁，有 55％的样本村比较频繁，有 15％的样本村频率一般，有 4％的样本村比较不频繁，有 3％的样本村非常不频繁，如图 2-47 所示。

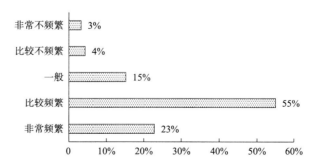

图 2-47　盆周山地区样本村举办思想政治宣传等活动频率分布情况

(五) 乡村治理情况

1. 基层党组织建设情况

样本村平均党员人数为 46 人，党员人数占总人数的比例为 2.08%。样本村有 91% 的村为村党组织书记兼任村委会主任，平均村干部中大学生人数为 1.55 人。样本村均设有村民理事会，均有村规民约。

2. 乡村治理满意度情况

样本村农户对政务村务公开、法治乡村建设、社会安全、乡村干部廉政比较满意和非常满意的比例达 90% 以上，见表 2-14。

表 2-14　盆周山地区样本村农户对本村乡村治理满意度

	非常不满意	比较不满意	一般满意	比较满意	非常满意
政务村务公开	—	—	5%	28%	67%
法治乡村建设	—	—	7%	31%	62%
社会安全	—	—	3%	28%	69%
乡村干部廉政	—	—	5%	22%	73%

(六) 生活水平状况

1. 农户人均纯收入情况

样本村平均人均纯收入为 1.50 万元/年，其中农户人均纯收入小于 1 万元的村占比为 10%，在 1 万～2 万元的村占比为 80%，在 2 万～3 万元的村占比为 4%，3 万元及以上的村占比为 6%，如图 2-48 所示。

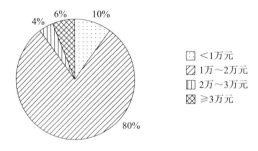

图 2-48　盆周山地区样本村农户人均纯收入分布情况

2. 农户购买保险情况

样本村平均参加新型农村合作医疗的家庭户数为 623 户，参加户数占总户数的 98%；平均购买农村养老保险的家庭户数为 465 户，购买户数占总户数的 71%；平均购买农业保险的家庭户数为 269 户，购买户数占总户数的 43%。

3. 农户部分智能设备及资产情况

样本村平均使用有线电视的户数占比为 83%，使用宽带的户数占比为 72%，使用智能手机的户数占比为 90%，拥有私家车的户数占比为 31%。

四、高原民族地区

四川高原民族地区以攀西地区和川西高原区为主，包括攀枝花、阿坝藏族羌族自治州、甘孜藏族自治州和凉山彝族自治州 4 个市（州）的 51 个县（市、区），是四川省面积最大，但人口和耕地最少的地区。地形地貌复杂多样，攀西地区平原、山地、高原交错。川西高原区地势高耸，山高谷深，是四川省西部重要的生态屏障。以坡耕地为主，地块小而散，平地较少。耕地主要分布在安宁河谷，岷江、嘉陵江和澜沧江等干支流谷地。攀西地区土壤类型丰富，河谷地区以水稻土为主，其他区域有红壤、紫色土、黄棕壤、棕壤、暗棕壤、石灰土等，土壤立地条件较好，耕地质量等级以中等为主，二半山和高山区存在土壤贫瘠、水土流失的问题；川西高原区土壤类型以暗棕壤、棕壤、亚高山草甸土、高山草甸土为主，土壤立地条件差，土壤养分贫瘠，耕地质量等级较低。攀西地区降雨少、蒸发强，光热资源丰富，年降水量为 800~1 300 毫米，年蒸发量高达 3 500 毫米；川西高原区光照强、温度低，年降水量为 200~900 毫米。攀西地区农作物以一年一熟和一年两熟为主，是四川省水稻、玉米、薯类和反季节蔬菜的重要产区。川西高原区为高寒气候，可耕地少，农业发展受到限制，农作物以一年一熟的青稞、薯类为主。

根据调研数据，高原民族地区样本村在四个区域中距离县、镇及高速公路入口最远，不利的区位制约了区域发展；因地广人稀，高原民族地区样本村人均耕地、山地、林果地面积均位于各区域之首；样本村平均总人口为各个区域最少，平均常住人口、农业劳动力数量也较少，外出务工比例为各区域最低。高原民族地区样本村新型农业经营主体数量为各区域最少，但参加合作社的农户比例较高；得益于脱贫攻坚期的努力，超过七成的样本村有特色农产品，且农产品有品牌的比例及进行网上销售的比例相对较高；依托独有的自然地理环境和人文景观，超过 60% 的样本村发展了休闲农业和乡村旅游，成为高原民族地区发展的亮点之一。高原民族地区样本村平均受教育年限为各区域最少，且样本村图书馆、文化站个数最少，仍需加大教育、文化投入。在国家的大力支持下，高原民族地区样本村村干部中大学生数量相对较多。高原民族地区样本村农户人均纯收入较低，基本与盆周山地区持平。

（一）基本情况

1. 区位状况

样本村平均距离镇（乡）6.79 千米、距离县（市、区）47.25 千米，具体分布如图 2-49、图 2-50 所示。

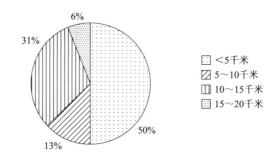

图 2-49 高原民族地区样本村与镇（乡）距离分布情况

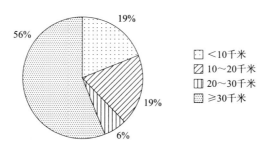

图 2-50 高原民族地区样本村与县（市、区）距离分布情况

2. 文旅资源情况

样本村中有风景名胜或文物古迹的村占比为 44%，有自然保护区的村占比为 19%。

3. 人口情况

样本村平均户数为 441 户；平均每村总人口为 1 880 人，总人口分布如图 2-51 所示，总人口在 1 000~2 000 人的样本村占 37%；平均每村农业劳动力为 855 人；平均每村常住人口为 1 345 人；样本村外出务工人数占比为 20%，具体分布如图 2-52 所示，超过 90% 的村外出务工人数占比在 40% 以下。

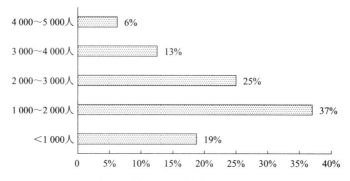

图 2-51 高原民族地区样本村总人口数量分布情况

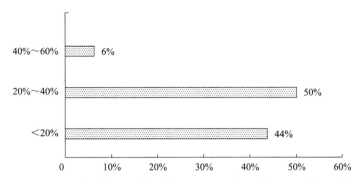

图 2-52 高原民族地区样本村外出务工人数占总人口比例分布情况

4. 耕地资源情况

样本村平均耕地面积为 4 534 亩，人均耕地面积为 2.26 亩；样本村平均山地面积为 7 390 亩，人均山地面积为 2.95 亩；样本村平均林果地面积为 4 771 亩，人均林果地面积为 2.22 亩。样本村的各类人均土地资源占比如图 2-53 所示。

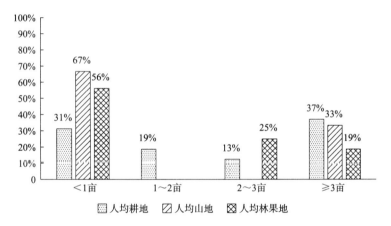

图 2-53 高原民族地区样本村人均耕地资源分布情况

5. 交通情况

样本村平均距最近的高速入口 161 千米，距最近的汽车站 26.21 千米。在通村公路方面，有 38% 的样本村为柏油路，62% 的村为水泥路；所有样本村村内主要道路路面为水泥路，如图 2-54 所示。

6. 科教文卫设施情况

样本村平均百货店数量为 7.69 个，平均卫生院数量为 0.81 个，平均药店数量为 1.31 个，平均体育场数量为 0.93 个，平均老年活动中心数量为 1.07 个，平均敬老院数量为 0.15 个，平均幼儿园数量为 1.38 个，平均小学数量为 0.47 个，如图 2-55 所示。

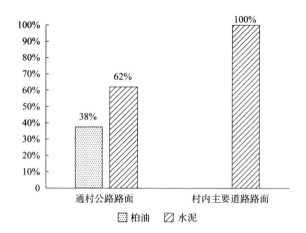

图 2-54 高原民族地区样本村交通条件

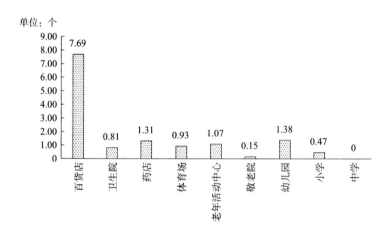

图 2-55 高原民族地区科教文卫设施情况

7. 生活用水及燃料情况

样本村生活用水以自来水为主，部分采用山泉水；燃料以电为主，柴草也占有较大比例。

（二）产业发展情况

1. 新型经营主体发展情况

样本村平均新型经营主体数量为 2.62 个，超过 80% 的村新型主体个数小于 5 个，如图 2-56 所示。此外，有 13% 的村有省级以上农产品企业品牌。

样本村平均参加合作社的农户有 265 户，在所有样本中参与合作社的农户占总户数的 53%，各村入社农户占比差异较大，38% 的村入社比例低于 60%，56% 的村入社比例高于 80%，如图 2-57 所示。

图 2-56 高原民族地区样本村新型经营主体数量分布

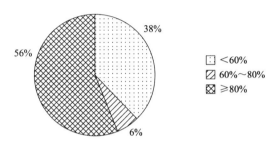

图 2-57 高原民族地区样本村入社农户占村总户数分布

2. 特色产业发展情况

样本村中有 75% 的村有特色农产品，主要发展的产业为苹果、牛等，具体分布如图 2-58 所示。在样本村的特色产业中，有 18% 的特色农产品有自己的品牌，有47% 的农产品开通了网上销售渠道。

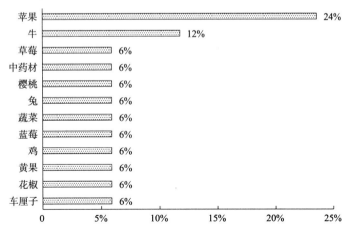

图 2-58 高原民族地区样本村特色产业发展情况

3. 休闲农业和乡村旅游发展情况

高原民族地区依托优美的自然风光和独特的风土人情积极发展乡村旅游，推动一二三产业融合发展，样本村中有 60% 的村发展了休闲农业和乡村旅游，有力地带动了地区经济发展。

调研发现，高原民族地区在发展产业过程中，因资源禀赋独特，尤其强调产品的高品质和特色。部分村非常重视文旅融合发展，以特色建筑和特色文化为吸引点，带动种植业和休闲旅游业发展。但高原民族地区的基础设施更为薄弱、专业技术人才更为缺乏，更需要加强规划引领和持续投入。

（三） 生态环境情况

1. 畜禽粪污资源化利用情况

高原民族地区畜禽粪污综合利用率相对较低，样本村平均畜禽粪污综合利用率为 75%。

2. 垃圾处理情况

样本村中，将垃圾转运到城镇处理的村占 72%；无集中收集、各家自行解决的村占 7%；用村内小型焚烧炉处理的村占 7%；在村内卫生填埋（有防渗）的村占 7%；在村内卫生填埋（无防渗）的村占 7%，如图 2-59 所示。

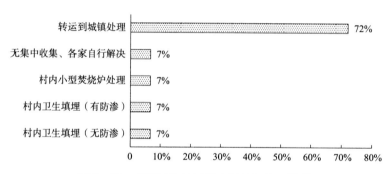

图 2-59　高原民族地区样本村垃圾处理情况

3. 生态环境发展满意度情况

在农户对本村生态环境发展满意度方面，有 62% 的村的农户对本村生态环境非常满意，有 19% 的村为比较满意，有 19% 的村为一般满意；69% 的村的农户对本村村容村貌非常满意，有 25% 的村为比较满意，有 6% 的村为一般满意；63% 的村的农户对本村河流或湖泊水质情况非常满意，有 31% 的村为比较满意，有 6% 的村为一般满意；69% 的村的农户对本村周围噪声影响程度非常满意，有 19% 的村为比较满意，有 12% 的村为一般满意，见表 2-15。

表 2-15　高原民族地区样本村农户对本村生态环境发展满意度

	非常不满意	比较不满意	一般满意	比较满意	非常满意
生态环境	—	—	19%	19%	62%

（续）

	非常不满意	比较不满意	一般满意	比较满意	非常满意
村容村貌	—	—	6％	25％	69％
河流或湖泊水质情况	—	—	6％	31％	63％
周围噪声影响程度	—	—	12％	19％	69％

（四）乡风文明建设情况

1. 教育情况

样本村学龄儿童入学率为 100％。样本村平均受教育年限为 8.73 年，相对其他区域较低，其中平均受教育年限为 6 年及以下的村占比 27％，平均受教育年限为 7～9 年的村占比 46％，平均受教育年限为 10～12 年的村占比 27％，如图 2-60 所示。

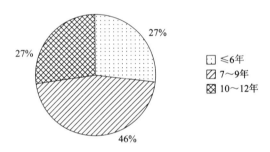

图 2-60　高原民族地区样本村受教育年限分布情况

2. 文化场所及学习氛围情况

样本村平均每 1 000 个常住人口拥有文化场所 1.29 个，平均有图书馆、文化站 1.07 个。样本村村民进入本村图书馆/文化站学习非常频繁的村占 13％，比较频繁的村占 24％，频率一般的村占 50％，比较不频繁的村占 13％，如图 2-61 所示。

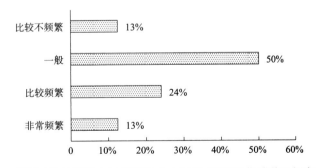

图 2-61　高原民族地区样本村村民进入本村图书馆/文化站学习频率分布情况

3. 结婚彩礼费用情况

样本村结婚彩礼费用在 1 万元以内的村占 23％，在 1 万～3 万元的村占 8％，在 5 万～10 万元的村占 54%，在 10 万元以上的村占 15%，如图 2 - 62 所示。

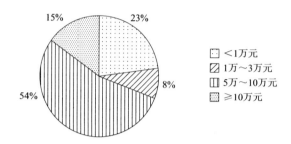

图 2 - 62　高原民族地区样本村结婚彩礼费用分布情况

4. 思想政治宣传等活动情况

在举办思想政治宣传、科普宣传、法律宣传等活动方面，有 60% 的样本村非常频繁，有 26% 的样本村比较频繁，有 7% 的样本村频率一般，有 7% 的样本村非常不频繁，如图 2 - 63 所示。

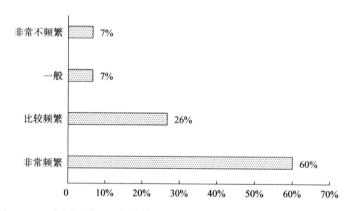

图 2 - 63　高原民族地区样本村举办思想政治宣传等活动频率分布情况

（五）乡村治理情况

1. 基层党组织建设情况

样本村平均党员人数为 45 人，党员人数占总人数的比例为 2.35%。样本村均设有村民理事会，均有村规民约。样本村均为村党组织书记兼任村委会主任，平均村干部中大学生人数为 3.10 人。

2. 乡村治理满意度情况

样本村农户对本村乡村治理较为满意，对政务村务公开、法治乡村建设、社会安全、乡村干部廉政比较满意和非常满意的比例达 100%（见表 2 - 16）。

表 2 - 16　高原民族地区样本村农户对本村乡村治理满意度

	非常不满意	比较不满意	一般满意	比较满意	非常满意
政务村务公开	—	—	—	19%	81%
法治乡村建设	—	—	—	25%	75%
社会安全	—	—	—	19%	81%
乡村干部廉政	—	—	—	12%	88%

（六）生活水平状况

1. 农户人均纯收入情况

样本村平均人均纯收入为 1.53 万元/年，其中农户人均纯收入小于 1 万元的村占比为 25%，在 1 万～2 万元的村占比为 50%，在 2 万～3 万元的村占比为 17%，3 万元及以上的村占比为 8%，如图 2 - 64 所示。

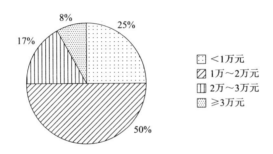

图 2 - 64　高原民族地区样本村农户人均纯收入分布情况

2. 农户购买保险情况

样本村平均参加新型农村合作医疗的家庭户数为 423 户，参加户数占总户数的 99%；平均购买农村养老保险的家庭户数为 408 户，购买户数占总户数的 92%；平均购买农业保险的家庭户数为 180 户，购买户数占总户数的 41%。

3. 农户部分智能设备及资产情况

样本村平均使用有线电视的户数占比为 92%，使用宽带的户数占比为 67%，使用智能手机的户数占比为 97%，拥有私家车的户数占比为 40%。

第三章

四川乡村振兴主要成效

第一节 乡村产业发展成效

四川是西南地区的农业大省，以园区建设为抓手，形成了"10＋3"农业产业体系，农业"压舱石"作用日益稳固，主要体现在农业综合生产能力显著增强、农业基础设施明显改善、现代农业经营体系基本建立、农业科技支撑能力不断增强等方面，各区域形成了独具特色的优势特色产业。

一、农业综合生产能力显著增强

四川农业产业规模不断增加，2021 年农林牧渔业增加值达到 9 383.33 亿元，较 2000 年提高了 5.33 倍（见表 3－1）。2020 年全省粮食总产量时隔 20 年再次登上 700 亿斤台阶，2021 年粮食总产量达到 716.4 亿斤；2021 年生猪出栏 6 314.8 万头，继续保持全国第 1 位；2021 年菜、茶、果、药、鱼 5 个产业共实现产值 3 569.1 亿元，比 2016 年增加了 1 042.6 亿元，对第一产业产值增长贡献率达到 42.1％。四川以现代农业园区为载体建立"10＋3"现代农业体系，10 大主导产业产值达 5 124.4 亿元，截至 2021 年末，已建成各级现代农业园区 1 178 个、标准化产业基地 1 683.5 万亩，形成国家、省、市、县四级园区梯次推进联动发展的格局。农业领域投入持续加大，第一产业固定资产投资占全社会投资的比重由 2016 年的 3.8％提高至 2021 年的 4.7％，2021 年复耕撂荒地 67.7 万亩。实施了"川字号"农产品初加工提升和精深加工拓展行动，农副食品加工业规模壮大，增加值平均增长 3.9％，2021 年全省拥有规模以上农副食品加工企业 15 611 户，比 2016 年增加了 1 792 户。

表 3-1　2000—2021 年四川省农林牧渔业产值

单位：亿元

年　份	农林牧渔业总产值	农业	林业	牧业	渔业	农林牧渔服务业
2000 年	1 483.52	785.37	49.13	611.76	37.26	
2001 年	1 534.90	769.95	50.85	673.10	41.00	
2002 年	1 651.53	807.43	54.60	743.91	45.59	
2003 年	1 784.49	804.70	59.26	832.34	53.34	34.85
2004 年	2 252.30	987.70	62.70	1 097.60	65.80	38.50
2005 年	2 457.46	1 037.20	69.94	1 230.18	78.49	41.65
2006 年	2 602.10	1 075.08	76.75	1 317.41	87.16	45.70
2007 年	3 377.00	1 317.00	106.42	1 807.58	86.00	60.00
2008 年	3 903.00	1 608.00	153.21	1 980.79	104.00	57.00
2009 年	3 689.81	1 815.98	102.60	1 596.72	119.05	55.46
2010 年	4 081.82	2 059.33	160.06	1 658.00	129.83	74.60
2011 年	4 932.72	2 454.26	203.29	2 046.00	147.16	82.01
2012 年	5 433.12	2 764.90	234.34	2 177.02	163.77	93.09
2013 年	5 620.26	2 886.48	249.02	2 197.97	177.49	109.30
2014 年	5 888.09	3 068.61	268.54	2 236.29	192.35	122.30
2015 年	6 377.85	3 315.51	297.26	2 414.15	210.52	140.41
2016 年	6 816.92	3 701.64	329.31	2 405.54	220.01	160.42
2017 年	6 955.55	4 004.20	346.80	2 199.72	234.92	169.91
2018 年	7 195.64	4 153.71	358.74	2 246.08	247.94	189.17
2019 年	7 889.34	4 395.04	372.21	2 647.88	263.47	210.74
2020 年	9 216.40	4 701.88	379.82	3 613.81	287.54	233.35
2021 年	9 383.33	5 089.48	408.44	3 305.28	327.82	252.31

二、农业基础设施明显改善

至 2021 年底，四川省累计建成高标准农田 4 989 万亩，占四川省"三调"耕地总面积的 63.63%，形成一批"集中连片、能排能灌、旱涝保收、宜机作业、稳产高产、生态友好"的高标准农田，为建设"天府良田"、筑牢"天府粮仓"提供了有力支撑。建成了耕地质量定位监测点 1 010 个，布设耕地质量调查点 1 万个，实现监测、调查两个全覆盖。以小流域为单元，以坡耕地治理为重点，土壤侵蚀量减少了 75%，侵蚀模数降低 1～2 个等级，小流域综合治理度达到 85% 以上。以渠道防渗为重点，推广低压管道灌溉、喷灌、微灌等高效节水灌溉技术，配套水肥一体化设施，肥、药利用率提高了 5%～10%，有效减轻了农业面源污染。在高标准农田项目区试点推进数字农业，装备田间工程监测和传感系统，利用农业物联网、卫星遥感和无人机等天地空一体化信息技术，实现了农业生产智能监测，提升了生产精准化和智慧化水平。

三、现代农业经营体系基本建立

新型经营主体不断壮大，形成了以龙头企业为引领，各类农业新型经营主体联合发展的良好局面。截至 2021 年底，四川省有国家级农业产业化重点龙头企业 96 家、省级重点龙头企业 902 家、市级重点龙头企业近 3 000 家，初步形成了以国家级龙头企业为核心、省级龙头企业为骨干、市级龙头企业为基础的现代农业发展格局。其中，省级重点龙头企业平均总资产规模达 7.05 亿元，平均销售收入超 6 亿元，平均税后利润超过 6 000 万元，在质量和效益方面取得了明显成效。同时，通过合同联结带动农户 607.1 万户，合作联结带动农户 286.6 万户。截至 2022 年底，四川省累计培育农民专业合作社（联合社）10.55 万个，其中国家级示范社 484 个、家庭农场 22.58 万家、村集体经济组织 5.06 万个，从事农业生产经营的龙头企业 4 000 余家，发展社会化服务组织 3.3 万个，服务对象 558.55 万个。四川农村集体经济组织全面建立，基本完成集体资产核资、成员确认、集体资产份额（股份）量化、农村集体经济组织登记赋码发证等改革阶段性任务，截至 2021 年底，四川农村集体经济资产总额为 2 397.8 亿元，其中经营性资产 448 亿元、非经营性资产 1 949.8 亿元，集体土地 4.81 亿亩，总收入达到 140.87 亿元。

四、农业科技支撑能力不断增强

四川坚持以农机装备、现代种业及烘干冷链物流三大先导性支撑产业为引领，科技支撑乡村产业发展的能力不断增强。全省农机总动力突破 4 900 万千瓦，农业机械化作业面积达到 1.4 亿亩次；大中型拖拉机、谷物联合收割机保有量分别达到 7.45 万台、3.74 万台；水稻插秧机和谷物烘干机从无到有，快速增加；大中型动力机械与作业机具配套比由 1∶1.6 提升到 1∶1.8，高效、高性能、节能作业机械得到较快发展，水稻插秧机、油菜籽收获机、谷物烘干机分别增长 15%、4% 和 70%，冷链物流静态库容达到 430 万吨。作为全国四大育制种基地之一，四川省在全国具有比较优势和重要战略地位，拥有 10 个国家级杂交水稻、玉米、油菜制种大县，数量居全国第一，杂交油菜制种面积 4 万亩，居全国第一，杂交水稻制种面积占全国五分之一。农作物种质资源、地方畜禽遗传资源、蚕桑资源数量均居全国第二，建成了西南最大、保存畜禽遗传材料最多的畜禽遗传资源基因库，建成畜禽（蜂蚕）保种场（保护区）51 个。"十三五"期间，审定主要农作物品种 475 个，获得登记品种 1 207 个。

第二节 乡村生态发展成效

近年来，四川着力解决农业面源污染、农村人居环境脏乱差等农业农村突出环境问题，提供更多优质生态产品以满足人民对优美生态环境的需要，多措并举、综合施策，主要成效包括：农业绿色发展初见成效、农村人居环境持续改善、生态环境逐步改善，全省乡村环境得到明显改善。

一、农业绿色发展初见成效

四川在农业生产过程中，秉持人与自然和谐共生的生态观，正确处理"三农"发展与生态环境保护的关系，提供更多优质生态产品以满足人民对高品质农产品和优美生态环境的需要。2021年，四川在19个县（市、区）开展农产品产地土壤重金属污染综合防治试点。化肥使用量连续5年实现负增长，见表3-2。主要农作物绿色防控覆盖率达到38.6%，农作物秸秆综合利用率达到91%，废旧农膜回收利用率达到80.2%，累计建立农药包装废弃物回收点47301个，畜禽粪污综合利用率达到96.36%，在63个畜牧大县实现畜禽废物资源化利用"全覆盖"。持续推进水产养殖用药减量，并在泸州市龙马潭区、盐亭县、内江市市中区、营山县等县（区）开展集中连片池塘养殖尾水治理。新建沼气工程792处。

表3-2　2000—2021年四川农药、化肥及塑料薄膜使用量

年　份	农用化肥使用量（万吨）	农用塑料薄膜使用量（万吨）	农药使用量（万吨）	单位播种面积农用化肥使用量（千克/亩）	单位播种面积农用塑料薄膜使用量（千克/亩）	单位播种面积农药使用量（千克/亩）
2000年	212.60	7.26	6.07	14.75	0.50	0.42
2001年	212.00	7.43	5.48	14.89	0.52	0.39
2002年	209.60	7.56	5.44	14.95	0.54	0.39
2003年	208.40	8.18	5.39	15.29	0.60	0.40
2004年	214.70	8.59	5.54	15.48	0.62	0.40
2005年	220.92	9.13	5.63	15.64	0.65	0.40
2006年	228.16	9.63	5.83	15.96	0.67	0.41
2007年	238.17	9.94	6.03	17.16	0.72	0.43
2008年	242.84	10.32	6.08	17.42	0.74	0.44
2009年	247.97	10.92	6.19	18.05	0.80	0.45
2010年	248.00	11.42	6.22	18.05	0.83	0.45
2011年	251.23	12.22	6.19	18.17	0.88	0.45
2012年	252.83	12.68	6.03	18.09	0.91	0.43
2013年	251.14	12.79	6.00	17.87	0.91	0.43

（续）

年　份	农用化肥使用量（万吨）	农用塑料薄膜使用量（万吨）	农药使用量（万吨）	单位播种面积农用化肥使用量（千克/亩）	单位播种面积农用塑料薄膜使用量（千克/亩）	单位播种面积农用农药使用量（千克/亩）
2014 年	252.13	13.03	5.94	17.92	0.93	0.42
2015 年	252.09	13.22	5.89	17.78	0.93	0.42
2016 年	248.98	13.24	5.58	17.48	0.93	0.39
2017 年	241.95	13.10	5.80	16.85	0.91	0.40
2018 年	235.21	12.02	5.13	16.31	0.83	0.36
2019 年	222.77	12.32	4.63	15.32	0.85	0.32
2020 年	210.82	11.88	4.21	14.27	0.80	0.29
2021 年	207.16	11.70	4.10	13.81	0.78	0.27

二、农村人居环境持续改善

自实施乡村振兴战略以来，四川以农村厕所革命、生活垃圾治理、生活污水治理、面源污染治理和村庄清洁"五大行动"为抓手，突出重点，统筹联动，形成工作合力，有力推动了农村人居环境整治工作落实落地。截至 2021 年底，全省农村卫生厕所普及率达到 87%，96% 以上的行政村生活垃圾、63.3% 的行政村生活污水得到有效处理，农村人居环境得到明显改善。森林覆盖率达到 40.03%。四川多次就农村人居环境整治工作在全国会上作交流发言。2019 年以来，武胜县、丹棱县、北川羌族自治县、达州市农村人居环境整治工作获得国务院督查激励；彭州市"广泛宣传发动群众全程参与改厕"经验入选全国农村厕所革命"九大典型范例"；蒲江县厕所建设模式入选全国 2020 年农村厕所粪污处理及资源化利用"九大典型模式"；雅安市名山区"全程代办实现农村公共服务零距离"入选全国 23 个农村公共服务典型案例；井研县农村改厕"四度"工作法入选全国 2021 年"六大农村厕所革命典型范例"。三年来，累计有 15 个县被评为全国村庄清洁行动先进县，获评数量居全国第一。

三、生态环境逐步改善

近年来，四川各地各部门深入贯彻生态文明思想，推进农业农村高质量发展和生态环境高水平保护，全力打好污染防治攻坚战，切实解决了生态环境突出问题，全省生态环境质量持续改善，农村生态文明建设取得新进展。一是空气质量持续向好。2021 年，四川 PM2.5 平均浓度 31.8 微克/米^3，较 2018—2020 年三年均值下降 4.5%，优良天数率 89.5%，共有 13 个市州空气质量达标，空气质量达标城市比例为 61.9%，成都、德阳、绵阳、广元等 7 市农村区域空气质量较好，优良率为 93.5%。二是地表水水质总体优良。2021 年，四川通过狠抓重点领域攻坚，持续打好碧水保卫战，化学需氧量、氨氮重点工程减排量分别为 8.2 万吨、0.91 万吨。343

个地表水监测断面中（国考断面 203 个），Ⅰ～Ⅲ类水质断面 325 个（国考断面 195个），占 94.8%（国考优良率 96.1%）；Ⅳ类水质断面 18 个，占 5.2%；无Ⅴ类、劣Ⅴ类水质断面。长江（金沙江）、雅砻江、安宁河、赤水河、岷江、大渡河、青衣江、嘉陵江、涪江、渠江、黄河流域水质总体均为优，沱江、琼江水质总体良好。截至2021 年底，全省已累计建成国家生态文明建设示范县 22 个、"绿水青山就是金山银山"实践创新基地 6 个，命名数量位居全国前列，在西部领先。

第三节　乡村文化发展成效

近年来，四川多举措推进乡村文化建设，"农民丰收节""戏曲进乡村""文化列车""文化院坝建设""千村文化扶贫工程"等文化惠民工程得到广泛实施，农村思想道德水平不断提高，农村优秀传统文化得到有效保护，乡村文化持续丰富，县域优质公共文化服务资源不断向乡镇、村（社区）延伸。

一、农村思想道德水平不断提高

四川持续开展"道德模范""身边好人""感动四川十大人物""孝敬父母关爱子女"等先进典型评选活动。充分发挥村规民约、村民议事会、红白理事会、道德评议会、禁毒禁赌会"一约四会"的作用，治理不良风气，推动移风易俗。开展新时代乡风文明建设"十大行动"，不断提升农村社会整体文明程度。大力弘扬优良传统，推动中华优秀传统文化传承，涵养核心价值观的源头活水。打造"新农民·快乐新农村""孝善＋""好家风"等主题道德实践活动，塑造积极向上的家风民风文化。大小凉山彝族地区等地开展破陋习树新风行动，天价彩礼、人情攀比、婚丧事宜大操大办等不良风气明显改变。加大县级文明城市创建力度，积极开展文明典范城市创建，召开全省工作推进会和业务培训会，加强动态管理，构建"有进有出"的创建工作格局。发挥四川省精神文明创建管理平台监管效能，统筹推进文明村镇、文明单位、文明家庭、文明校园创建工作。

二、农村优秀传统文化得到有效保护

深入挖掘并将乡村非物质文化遗产资源纳入各级非物质文化遗产项目保护目录，加强对历史文化名城名镇名村文物的保护利用，组织修缮位于乡村的革命历史遗迹，实施黄猫垭战斗遗址等革命文物保护利用示范项目，组织文艺院团创演乡村振兴题材剧（节）目，建设并评选命名一批中心镇（村）"天府乡村大舞台"，延续和传承优秀传统文化。命名河曲马黄河草原等 6 家省级文化生态保护实验区，指导建立 146 家乡村非物质文化遗产扶贫就业工坊，推动非物质文化遗产助力乡村振兴。

三、乡村文化持续丰富

四川围绕发展乡土文化，广泛开展乡村群众文化活动，增强乡村文化吸引力、关注度，以文化赋能助力乡村全面振兴。优化公共文化设施，积极建设文化广场、文化院坝、小微博物馆、非物质文化遗产传习所等公共文化设施，推动公共文化服务向基层延伸，全省有村级综合性文化服务中心的行政村数量占比达到94%。积极组织文艺团体到乡村开展主题创作及公益演出，每年开展"村晚""阅读之星""唱支山歌给党听"等文化品牌活动10万余场次，有近3 000万人次参与，丰富了群众的精神文化生活。

第四节　现代乡村治理发展成效

自实施乡村振兴战略以来，四川探索构建基层党组织领导下自治、法治、德治相结合的乡村治理体系，取得了重要进展。主要体现为：农村党组织领导力切实增强、村民自治能力稳步提升、农村法治保障能力显著提高、各种组织带动乡村治理成效明显。在探索农村社会管理方面取得了很多行之有效的经验，在全国有一定影响力。

一、农村党组织领导力切实增强

近年来，四川省委专门出台《村党组织工作运行规则》，推进落实《加强农村基层党的建设的意见》，实施村带头人整体优化提升行动，大力推进村党组织书记通过法定程序担任村委会主任，村级建制调整改革后整体实现"一肩挑"，村支部书记担任集体经济组织负责人的比例过半。创新实施3年培养10万名村级后备干部工程。探索构建农村区域型、行业型和产业型党组织，扩大了农村党的工作覆盖面。探索建立了"121"社区治理体系，构建了党组织领导的"一核多元、合作共治"的新型村级治理机制，全面推进"四议两公开一监督"机制，多途径实现了党组织领导下各方共同参与的乡村治理。各地积极推动基层党组织建设和"三治"有机结合，充分运用"互联网＋"思维，将基层党建传统优势与信息技术高度融合，有效拓展了提升农村党组织组织力的路径。

二、村民自治能力稳步提升

自乡村振兴战略实施以来，四川不断夯实基层群众自治基础，全面落实《村民委员会组织法》，及时修订《村民委员会组织法实施办法》和《村民委员会选举条例》。制定《新村聚居点管理条例》《村（社区）选举办法》和《关于建立健全村规民约（居民公约）"红黑榜"的通知》，探索建立村民议事、评议、立约、监督等10项制度，普遍建立村民委员会和村民会议、村民代表会议、村务监督委员会。推广"三上三下，六步工作法"，指导各地修订完善村规民 5 万余个。推进城乡社区治理制度创新，成都市在全国率先设立市委城乡社区发展治理委员会。推行"定向代表"议事制度。以村民小组为基本单元，开展村民自治试点，探索建立村民议事会、民情恳谈会等民主协商平台，创新基层协商实现方式和途径，积极探索村民自治的有效路径。建立村公共事务理事会，建立城乡社区红白理事会 4.5 万多个，占比达到 85.5%，培育和吸纳各类社会组织参与村级治理。

三、农村法治保障能力显著提高

四川建立和完善了公共法律服务体系，因地制宜深入开展"法治进乡村"活动、创建"法治示范村"、培养"法律明白人"、印发《普法依法治理工作要点》等，补齐乡村治理中的法治短板，引导农民依法办事、遇事找法，将各类矛盾纠纷化解在基层和萌芽状态。四川紧扣乡镇行政区划调整和村级建制调整改革，同步依法对 3.6 万个基层人民调解委员会进行了换届，实现了乡镇村居人民调解组织全覆盖、全规范。截至 2022 年底，全省建成乡（镇、街道）公共法律服务站 3 116 个、村（社区）公共法律服务室 2.77 万个，"12348"公共法律服务热线实现乡村全覆盖，3.4 万个村配备了 7 178 名法律顾问，实现法律顾问全覆盖。

四、各种组织带动乡村治理成效明显

四川通过深化农村集体产权制度改革，积极探索壮大农村集体经济的有效实现形式，规范农村合作经济组织，建立健全运行机制，补齐乡村治理的物质短板，夯实乡村善治的产权基础，形成了五条带动路径：一是支部＋合作社带动。鼓励支持有条件的村党支部牵头领办农民专业合作社、土地股份合作社，农户以土地、劳务等多种方式折股入社，实现了"支部加合作社，农民得真实惠"。二是集体经济带动。支持改革后的新型集体经济组织，通过物业经济、入股分红等多种方式，牵头发展合作经济，带领农民实现共同富裕。三是"大手拉小手"带动。鼓励种养大户、家庭农场主牵头组建专业合作社，总结推广"龙头企业＋专合社＋农户"模式，完善利益联结机制，让农民更多地分享产业发展的收益，引领小农户进入现代农业发展的轨道。四是合作社带动。加大对带动作用强的专业合作社的扶持力度，积极发展专业合作社联合社，有效带动了入社农户和一般农户发展。五是"村长论坛"带动。举办"村长论坛"，搭建"村官""乡贤"交流互动平台，引领能人治村。通过五条带动路径，有效组织农民，促进实现农村社会共建共治共享，构建起了多元主体具有各自功能角色的治理体系。

第五节　农村民生发展成效

四川长期以来将改善民生和促进农村居民收入水平提升作为农村工作的重要内容，以脱贫攻坚和产业扶贫为抓手，农村民生改善取得了阶段性胜利，农村基础设施持续改善、农村公共服务供给增加、农村就业环境改善，"十三五"期间人均可支配收入年均增长 9.2％（见表 3－3）。

表 3－3　四川农村居民人均可支配收入情况

单位：元

	2015 年	2016 年	2017 年	2018 年	2019 年	2020 年	2021 年
人均可支配收入	10 247	11 204	12 227	13 331	14 669	15 929	17 575
工资性收入	3 463	3 738	4 016	4 311	4 662	4 978	5 514
经营净收入	4 197	4 525	4 821	5 117	5 641	6 152	6 651
财产净收入	224	269	323	379	456	510	587
转移净收入	2 363	2 672	3 067	3 524	3 910	4 289	4 823

一、农村基础设施持续改善

"十三五"时期，四川新改建农村公路 13.5 万千米，总里程达 35.2 万千米，居全国第一；新增 181 个乡镇和 6 844 个建制村通硬化路，初步形成了以县为中心、乡镇为节点、建制村为网点的农村公路网络。在全国率先实现乡道以上安全隐患路段侧护栏全覆盖，高质量完成了全面小康"乡乡通油路、村村通硬化路"兜底任务。2020 年实现全省所有行政村 100％通光纤、100％通 4G 网络的"双百"目标，全省 21 个市（州）实现 5G 网络覆盖，100％完成全省农村中小学校（含教学点）宽带网络覆盖，建设 4G 基站 29.5 万个、5G 基站 3.6 万个，千兆光纤用户 88.9 万户，居全国第 3 位，交互式网络电视（IPTV）用户 2 777.6 万户，居全国第 1 位。

二、农村公共服务供给增加

四川的基本公共服务资源持续向基层、农村、边远地区和困难群众倾斜。并实施民族地区教育和卫生"十年行动"计划，截至 2021 年底，"9＋3"免费教育计划惠及 6.03 万名学生。实现"新农合"与城镇居民医保制度并轨运行，城乡统一的居民医保制度全面建立。自 2017 年以来，建成 3.7 万个益农信息社，全面打通农业农村信息服务"最后一公里"，实现公益资讯、生活便民、农村电商和体验培训等一站式服务，提升广大农民群众利用信息发展生产、改善生活、增收致富的能力。

三、农村就业环境改善

截至 2021 年末，四川共转移输出农村劳动力 2 613.08 万人，比 2020 年末增加 39.66 万人，其中省内转移 1 475.48 万人，增加 16.72 万人；省外输出 1 137.60 万人，增加 22.94 万人。有 226.03 万名脱贫劳动力通过外出务工实现就业，比 2020 年末增加 5.35 万人。全年实现劳务收入 6 461.94 亿元，增加 788.38 亿元，增长 13.9%。全年共培育"川字号"特色劳务品牌 20 个。深入贯彻落实《保障农民工工资支付条例》，扎实开展"清欠百日"行动和"利剑"行动等专项行动。2021 年主动监察用人单位 4.9 万户，查办劳动保障监察案件 721 件，其中，欠薪案件 572 件，为 1.59 万名劳动者追发工资待遇 1.94 亿元，欠薪案件数同比下降 15.9%。

第四章 | 四川乡村振兴的发展环境与主要问题

第一节 四川乡村振兴的发展环境

一、发展机遇

1. 政策环境持续优化，农业投资有望延续高速增长

党的十九大将乡村振兴列为"七大战略"之一，中央农村工作领导小组办公室编制了《乡村振兴战略规划（2018—2022年）》，提出到2022年，乡村振兴的制度框架和政策体系初步健全。四川省积极响应国家战略部署，印发了《四川省乡村振兴战略规划（2018—2022年）》，积极推动乡村振兴。村作为农村的基本单位，构成了乡村振兴的微观基础，村庄振兴是实现乡村振兴的基本途径。在乡村振兴和共同富裕等国家战略指导下，四川乡村的未来发展将迎来更大的机遇。传统行业抗经济周期的韧性更强，农业越来越受到资本青睐，"新农业"逐渐成为有奔头的行业，农业投资有望延续高速增长，继续领跑三次产业。

2. 高质量发展和绿色转型，吸引各类要素流入乡村

我国经济进入高质量发展阶段，为四川乡村振兴发展带来了新的机遇。实现绿色转型，农产品供给更加注重质量而非数量，更注重农村环境的可持续性。高质量发展和绿色发展背景下的四川乡村涌现出众多机遇，吸引新农人和农民工返乡从事相关产业。乡村各类新业态不断涌现，农民工就近就业渠道进一步拓宽，就业竞争力和稳定性显著提高。随着东西部发展环境差距逐步缩小，大部分农民工选择从东部沿海地区向中西部地区回流，农民工返乡创业力度也不断加大，大量有一定资金、技术和经验的农民工越来越倾向于返乡创业，伴随着产业流动的劳动力转移再次优化了人力资本在区域间的配置，为增加四川省内就业容量和实现乡村振兴发展注入了强劲的动力。2021年，四川新增返乡创业农民工13.7万人，累计返乡创业农民工达95.1万人，累计实现产值6 779亿元，占全省2021年1.3万亿元"农民工经济"的52%。随着

农民工返乡潮的涌现，乡村能人储备丰富，人力资本在农村的配置将更为优化，将极大促进各地乡村振兴战略推进。

3. 生活方式改变，乡村新业态不断涌现

随着经济社会的发展，农业已不再是单纯的种植、养殖生产，农产品销售不再是单纯的市场销售，农村也不再是农民生产生活场地，还蕴含了生态、观光、养生等多种功能。首先，独特的资源禀赋和消费方式转变为四川农业新业态创造了重要机遇。四川拥有丰富的"贡品""珍品""仙品"资源，挖掘农业农村独特品牌价值、开展特色营销的优势明显。同时，随着消费节奏变快，方便火锅、果蔬干等迎合了市场需求，为四川省发展农产品加工和"中央厨房"创造了条件。其次，乡村利用独特的自然景观、人文景观和传统文化优势，为城市居民提供田园观光、采摘体验、文化旅游、养生养老等服务，已成为城市居民消费的重要场景。四川是我国"农家乐"发源地，随着乡村旅游方式和内涵的扩展，乡村不仅仅单纯提供旅游服务，还与当地风土人情、历史传说相结合，为乡村旅游注入了更多文化与地域特色，休闲农业和乡村旅游迎来了蓬勃生机。

二、主要挑战

1. 国际国内环境复杂，高质量推进乡村振兴难度加大

从国际环境看，国际地缘经济政治冲突和逆全球化对农业产业安全形成较大冲击，地缘经济政治冲突愈演愈烈，俄乌冲突持续发酵，中美经贸关系所面临的不确定性仍然存在，加剧了我国重要农产品进口的供应链风险，在不同程度上对我国农业产业和粮食安全形成冲击。从国内环境看，首先，经济增速放缓，财政优先支持乡村振兴战略的压力增强。经济发展和改革均进入深水区，2017年至2021年，我国财政收入年均增长率为4%，显著低于2013年至2017年平均增长率7.5%，长期来看，财政收入增速的下降导致财政优先支持乡村振兴战略的压力增大，对高质量推进乡村振兴形成严峻挑战。其次，新碳汇机制不完善，对高质量乡村振兴发展的约束不断增大。乡村地区是重要的温室气体排放地区，约占我国碳排放总量的17%。实现"双碳"目标，必然要加快乡村生活方式转变和农业转型升级，通过调整能源消费结构、加大绿色低碳技术应用、实行农业绿色化生产等方式来实现碳减排。短期内，碳减排措施可能在不同程度上增加生产成本，导致农户采用新技术、新手段推动乡村产业升级积极性不足，阻碍农业现代化进程。

2. 资源环境要素制约趋紧，简单的规模扩展难以继续

城乡二元结构依然明显，农村富余劳动力大量转移，农业兼业化、经营分散化、从业者老龄化有蔓延趋势，对政府资源优化配置和提高效益的能力需求增强。产业集聚区、农业园区农忙季节招工难、用工贵、成本高现象普遍。新型农业经营主体发展依然滞后，带动小农发展能力依然较弱，耕地总量不断减少，质量总体呈退化趋势，畜禽规模养殖、设施农业发展受用地计划、耕地保护、永久基本农田划定等因素影响，土地制约越来越大。科技、机械、信息仍是短板，农业贷款难、贷款贵现象还十分普遍，财政、金融、信贷担保等保障难度大。农业环境承载力进一步降低，种养循环、节水控肥减药运行机制尚在探索示范阶段，简单规模扩张难以继续，农业经济总量扩张不能立竿见影。

3. 农业结构性改革调整进入深水区，供需两端协调难度加大

农牧渔业生产具有自然周期属性，品种品质结构调整升级是慢变量，效益显现仍需时日。农业供给侧结构性改革进入深水区，不同规模、业态、模式、管理水平的经营主体效益分化加剧，农业生产主体、资金等要素从农业的退出与进入共存博弈，行业内部和行业之间的竞争加剧，增加了新变数和不确定性。农业结构性调整成本高，生产惯性依然较大，不可能一蹴而就。农产品同质化和销售难相伴而生，在一定时期和局部地区仍有发生，应对多元化、个性化、定制化的消费需求变化难度加大。

4. 农业"双重风险"加剧，农民持续增收难度加大

全球厄尔尼诺和拉尼娜现象交替发生，气候变化成为影响国际农产品贸易、价格的"黑马"。四川大部分地区尤其是盆周山区、高原地区、地震灾区，地质条件复杂，地震、滑坡、泥石流等地质灾害，洪涝、高温干旱、低温冻害等气象灾害多发、重发，给当地农民生命财产造成重大损失。发展不平衡不充分情况还普遍存在。农业自然和市场"双重风险"相互交织，市场价格波动频次加快、幅度明显加大，保持农民持续稳定增收的难度越来越大。此外，一个不实报道、一个网络谣言、一起农产品质量安全事件都可能导致农产品滞销难卖，影响一个产业的正常发展，影响产区农民平稳增收。

第二节 四川乡村振兴面临的主要问题

一、农业产业链较短，产业高质量发展条件不稳固

受人多地少、土地破碎影响，四川农业产业发展质效不高问题仍较显著。一是农业生产率低。受地形地貌限制，四川农业物质装备支撑力仍有待提升，主要农作物综合机械化水平仅为67%，较全国平均水平低6个百分点，农业劳动生产率仅为37 596.27元/人，居全国第26位，农业竞争力偏弱（如图4-1所示）。二是农业产业效益不高。四川农产品加工能力不强、品牌不响格局仍未打破。四川农产品加工业产值与农业产值之比为2.2∶1，不仅远低于山东（3.76∶1）、河南（3.2∶1）等农业强省，与全国平均水平（2.4∶1）也有一定差距。农产品品牌影响力仍停留在局部地区，跨省跨区域品牌数量不多，代表地区形象和民族特色的知名品牌较少，圣洁甘孜、成都天府源、资阳资味、眉山东坡味道等农业区域公共品牌效益不显著。三是产

业融合度有待提升。农村各产业之间融合度不高、融合水平低，产业链延伸、跨界融合都还有较大提升空间。休闲农业、旅游农业以观光为主，对文化、人物历史、风土乡俗等触及不多，高品位、多样性、特色化不足。

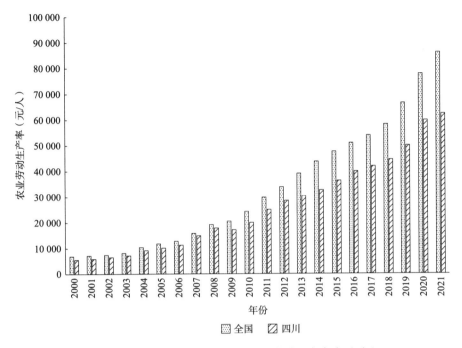

图 4-1 2000—2021 年四川及全国劳动生产率水平对比

二、内生动力难以激发，收入区域不平衡问题突出

一是乡村人力资源外流局面仍未改善。随着"半工半农"生计模式的日益普及，大量青壮年劳动力外流，2022 年，四川农村地区输出劳动力人数达到 2 613.08 万人，占乡村人口总数的 74%。二是农村居民内生动力不足。村集体经济资源和权威资源欠缺，留守在乡村的农户组织化动员难度大，部分民族地区农户自我发展意愿不强，对乡村振兴、共同富裕等精神理解不深，仍存在较为严重的"等、靠、要"思想，农户积极融入乡村振兴建设的内生动力不足。三是收入区域不平衡问题突出。受自然、交通、经济基础等条件制约，四川四大区域间农民收入存在较大差异，成都市农村居民人居可支配收入是排名末位的巴中市的近 2 倍，2021 年位于成都平原的龙泉驿区农民收入达到 35 919 元，而位于高原民族地区的美姑县仅有 11 618 元，收入差距较大。

三、城乡要素合理流动不畅，制约宜居宜业和美乡村建设

四川省在西部大开发、脱贫攻坚、乡村振兴等一系列战略引导下，城乡融合取得

了巨大成就，各类要素合理流动的体制机制基本建立。但与构建新发展格局、全面推进乡村振兴的新要求相比，城乡要素流动不顺畅、公共资源配置不合理等问题依然突出，城乡之间人才、土地、资本、技术和管理等要素流动仍存在体制机制障碍，制约了宜居宜业和美乡村建设。一是城乡人员流动面临市民化难和乡村封闭的双重难题。以引领乡村产业发展的新型经营主体为例，四川省川中丘陵区、盆周山地区及高原民族地区70%以上的村落新型经营主体个数小于5个，部分村甚至没有新型经营主体，乡村对优秀经营管理人才的吸引力不足。二是城乡土地合理流动的市场机制仍待健全。成都平原地区90%以上集体经营性建设用地入市后都用于乡村旅游产业开发，乡村农耕传统文化等产业植入严重不足，业主"重硬件建设轻文化服务提升"问题普遍存在，导致乡村稀缺的建设用地未得到有效配置和合理利用。三是城乡资金单向流动格局未得到有效扭转。乡村资金仍通过储蓄呈现资金净流出现象，市场主体直接推动城市资金进入农村也受到一定阻碍。四是先进技术和管理经验向乡村扩展的环境还未形成，面临着自然、社会等多种风险交织的局面。四川乡村使用宽带户数占比仅为80%左右，农户平均受教育年限未超过10年，先进技术、管理和信息理解及运用能力还较为欠缺。

四、乡村传统文化功能弱化，农村公共文化生活衰弱

乡村是中华优秀传统文化的密集所在地，集聚了大量的精神文化结晶和风俗民情，是传承和弘扬优秀传统文化的重要根据地。但是近年来，随着城镇化和现代化的快速推进，乡村传统文化的功能没有得到重视，传统文化技艺缺乏传承创新、传统建筑不断遭到破坏、传统村落数量锐减、民间传统文化市场活动衰弱、家风家训等民俗规范认同感低等现象屡见不鲜，传统文化得不到重视和保护，乡村传统文化陷入生存危机，部分传统文化甚至面临存续危机。同时，农村公共文化活动相对单调匮乏，乡村文化活动缺乏本土内容和本土特色，难以让村民产生共鸣，村民满意度不高，调研发现，四川省样本村1 000个常住人口拥有文化场所个数不到2个，乡村文化活动较少。

五、乡村治理基础有待完善，共建共治共享机制尚未建立

一是乡村治理基础有待完善。受乡村基础条件限制，村级党组织发挥领导作用和带动农业农村经济社会发展的能力还有待提升，部分村干部年龄老化、思想僵化、能力软化，不能有效为村民提供服务，执法不严、违法不纠的问题尚未得到根本性解决。二是管理部门之间的协调机制有待完善。乡村振兴涉及乡村发展的方方面面，对象广泛、领域宽广，农业农村、水利、交通、生态等部门之间在行政权力、政策制定与实施、政策评估方面还未形成分工明细、角色明确的治理格局。三是政府、市场与社会之间的协同机制有待完善。乡村振兴的许多领域涉及公共产品供给问题，政府、市场与社会之间还未形成合力，各类参与主体共同推动乡村振兴的格局尚未建立。

第五章 乡村振兴五大典型经验

第一节 乡村产业振兴典型经验

一、稻田综合种养助增收——鸭池村

鸭池村位于达州市宣汉县胡家镇西部,属于川中丘陵区,由原鸭池村、荷池村、峰沟村三个村合并组成,四面环山,形成天然的盆地,地形呈缓坡状,最高海拔 830 米,最低海拔 510 米,平均海拔 670 米。面积 17.8 平方千米,辖 12 个村民小组、1 338 户、5 168 人。交通发达,田成型,渠相通,路相连,阳光充足,水源充沛,是云蒙米业基地,有"胡家粮仓"之美誉。

鸭池村坡地、山地居多,群众耕作难、种田苦、效益差,从事种植业收支勉强持平,农户种田积极性不高,导致土地撂荒现象产生。鉴于此,鸭池村抢抓该县成为"全省农村改革综合试验区"的历史机遇,积极整合项目资金,加强土地整理和渠系设施建设,创新推行土地托管服务,成立了宣汉县家丰农机服务专业合作社,实行农业规模化和机械化经营,实现降低成本、农民受益、服务社会的目标。其发展模式主要有以下几种。

1. 土地托管,甩手掌柜奔"钱"程

构建"支部引、农民托、专合社管"三方参与的土地托管机制,"支部引"增加集体收入,"农民托"解决劳动力不足、土地撂荒问题,"专合社管"实现有田可种、有粮可收、有利可牟。其具体分工为:村党支部引导农户改田、托田和统收;农户将土地委托给专业合作社管理,实现愿托尽托、能托尽托;专业合作社通过组织专业人才,开展犁田、栽秧、收割、统收等工作。该模式既解决了鸭池村季节性缺劳动力问题,又确保了种植面积,有效解决了农民种田难、种田效益差、土地撂荒等问题。鸭池村现已托管土地 3 000 余亩,将逐步扩大到 5 000 亩,为农民节约直接种粮成本数十万元。

2. 稻田养鱼，创新模式增"钱"力

胡家镇鸭池村依托成立的宣汉县农村合作经济组织联合会胡家分会和宣汉县家丰农机服务专业合作社，在托管的土地上大力发展"稻鱼综合种养"，增强土地"钱"力，取得了可观的效益。稻鱼产业采取"137"分成模式进行利益分配：稻鱼产业总收入的1％计入村集体收入，村支部用于公共事业、民生保障、产业发展等；稻鱼产业总收入的99％按照3成归农民、7成归专业合作社分配。农民投入减少80％，纯收入增加66.7％；专业合作社土地流转成本减少60％，收入增加65％。

通过大力发展"稻鱼综合种养"产业，鸭池村亩均产值达到了4 700余元，较种植单一传统作物翻了3倍。同时鸭池村与四川省农业科学院、达州市农业科学院、达州市水产学会等科研机构合作，推广应用绿色增产新模式新技术，大规模种植四川省农业科学院作物研究所培育的水稻品种"川优6203"，大大提升了水稻的品质，申请了"鸭池稻鱼香"品牌，自制了礼品盒，1斤大米可多卖5元，每亩地可多收入3 000元。

3. 种田打工，乡村振兴好"钱"景

土地托管模式使广大农户从土地生产中解放出来，"稻鱼综合种养"产业保障了农户种植收益，农户每亩土地支付600～700元托管费，由专业合作社对耕、播、管、收等环节进行托管，专业合作社承诺保底产量800斤，保障了农户基本收入。同时，农户可安心外出打工，每年仅农忙时间打工就可多挣5 000～6 000元，不仅破解了土地撂荒等问题，还增加了农民收入，壮大了集体经济，助力了乡村振兴。

二、整合优势促转型——加斯满村

加斯满村地处阿坝藏族羌族自治州壤塘县宗科乡，属于高原民族地区，平均海拔2 888米，面积194.7平方千米。入选"中国传统村落"、第二批"四川省最美古传统村落"，曾被评为"民族团结进步新村"和"四川美丽民族村寨"。2022年成功创建省乡村振兴示范试点村。全村草场面积180 536亩，国有林地面积16 020亩，耕地面积2 226.43亩，退耕还林面积888.6亩。全村牧业以畜牧业为主，现全村牲畜存栏8 500头（匹）。农业以种植青稞、脱毒薯、油菜为主。共321户1 454人，劳动力562人，占比38.65％，外出务工184人。近年来，该村整合高原双低油菜产业、草场资源、独特的自然及文化景观等优势条件，乡村产业不断发展壮大，成为促进农民增收的有力保障。

1. 大力发展油菜经济，助推现代化农业

加斯满村拥有全县最大的高原双低油菜产业基地，稳定种植面积达800亩以上，每亩能产200斤以上的菜籽，一斤能卖出4.8元左右的价格，一亩地较改良前增收1 000多元。积极发展观光农业，以网格化方式创作出"哈达""喜迎二十大""壤塘"三幅自然载体与精神内核结合的生态画作。科技助力农耕发展，成立农机服务队，在壤塘县突破性使用播种机、捡石机等农机进行油菜种植，全力将农业种植与观

光旅游融合起来，促进生产资源有序流动和科学合理运用，为乡村振兴发挥产业支撑作用。进行油菜新品种种植试验示范，为进一步延伸高原双低油菜产业链、提升价值链，邀请了四川农业大学农学院专家联合县农牧局专家开展了 11 种高原双低油菜新品种种植试验，力求筛选出更适宜本村种植的新油菜品种，进一步提高产量。

2. 走文旅融合之路，积极发展第三产业

按照"红乡绿谷 魅力宗科"发展定位，用好用活日斯满巴碉房文化、红色文化、石刻文化、唐卡非物质文化遗产文化等优势，2022 年积极创建国家 3A 级旅游景区、阿坝藏族羌族自治州旅游名村。深挖红色故事和红色资源，计划投入 5 000 余万元以"红色堡垒 爱的碉楼"为主题打造红色长征重点村。以加斯满村云上碉房文旅合作社为载体，打造了集休闲娱乐、餐饮住宿为一体的民宿及旅游接待点 3 处，预计村集体经济收益可达 7 万元。

3. 发展特色种养

成立了加斯满村云上碉房种养合作社，养殖生猪 100 头，投入 30 万元改扩建生猪圈舍及附属设施设备，按照承包方式运营。项目的实施，加上现代养殖技术的加持，扭转了落后的农牧民养殖观念，预计为村集体经济增收 3 万元。

三、园区引领产业升级——自贡村

自贡村位于甘孜藏族自治州甘孜县呷拉乡东北部，属于高原民族地区，距离乡政府 800 米，地处雅砻江畔，水源较充沛，自然条件较好，以农业生产为主，牧业生产规模较小，林木主要为杨树、俄色、柳树以及灌木。交通便利，联户路已完成，通信便利，入学率达 100％。

2018 年，通过招商引资建立了以青稞产业为核心、青稞文化与格萨尔文化为特色，集川藏地域特产、产品加工、休闲观光、科技培育、休闲娱乐为一体的现代青稞文化园——甘孜县格萨尔青稞文化园。园区集"收购、加工、存储、展览"为一体，在产业发展、文化振兴和农民增收方面为高原民族地区提供了经验。

1. 促进青稞产业转型升级

园区提出青稞精细加工和综合开发的产业化思路，将大量收购的青稞资源转化为绿色健康的高附加值产品，促进青稞种植业和现代产品工业有机结合，有力地促进了甘孜青稞产业的结构调整和升级，实现了企业、政府、农民等的多方共赢和发展。园区先期对青稞粉、青稞饼干、青稞面、青稞面包、青稞饮料等系列产品进行研发，使青稞产业具有高附加值，带动全县青稞产业结构调整和优化，实现青稞产品集约化、高效化、生态化生产加工。

2. 促进农户增收

县委县政府创新工作机制，精准靶向实施，充分发挥以工代赈作用，为满足农户在家门口就业需求，甘孜县积极组织项目，优先吸纳当地农村的劳动力参与园区项目

建设，直接带动农户务工增收。截至目前，参与工程建设务工群众 283 人，发放劳务
报酬 1 700 万元。

3. 壮大文化及旅游产业

甘孜县格萨尔青稞文化园以高原青稞产业为核心。规划建设了甘孜十八县农耕文
化展示区、甘孜十八县特色产品展示展销区、综合文化活动区、生态食品加工区、农
牧区生活体验区五大功能区，综合展示了藏区农耕文化及特色产品，带动了雅砻江一
带的经济与文化发展，使得甘孜县旅游接待人数与日俱增，旅游业蒸蒸日上，丰富了
当地百姓的生活。

第二节　宜居乡村建设典型经验

一、突出村落宜居重点——大水田村

大水田村位于凉山彝族自治州盐源县树河镇，属于高原民族地区，距县城东南雅
砻江畔 62 千米，2020 年底村级建制调整改革后由原大水田村和原团山村合并为树河
镇大水田村，村内组组通路，交通较为便利，平均海拔 1 950 米，面积 85.67 平方千
米，耕地面积 3 520 亩，村内森林资源、土地资源丰富，森林覆盖率达 85% 以上，全
村辖 9 个村民小组 505 户 2 222 人，居住有汉、彝等民族，2021 年人均可支配收入达
2.65 万元。因有产业作支撑，大水田村经济快速发展、基础设施大幅改善、村容村
貌日新月异，被评为"省级四好村""凉山州乡村振兴示范村""四川省乡村振兴示范
村"，因治理有效先后被评为"四川省卫生村""四川省乡村治理示范村"。其推进措
施主要包括以下几点。

1. 生活垃圾处理到位

大水田村"两委"把村庄环境综合整治作为建设"美丽乡村"的基础工作，大力
突出"点、线、面"综合整治，多措并举，切实抓好农村环境综合整治工作，运用户
集、村收、镇运的垃圾处理模式，推进美丽乡村建设，形成农村环境干净整洁、农民
安居乐业的良好局面。每月组织全村村民全面开展一次环境整治活动，并配备保洁员
10 名，负责全村日常保洁工作。2016 年被凉山彝族自治州寻找幸福美丽新村组委会
评定为"凉山彝族自治州十大美丽幸福新村"，2018 年被评为"省级四好村"。

2. 全面推进水污染治理

全村所有农户生活污水不乱排，均通过化粪池处理后灌溉农田，作为良好的农家
肥使用。大水田村无工矿企业，无工业废水排放。

3. 卫生厕所全面普及

全村深入实施"五长制"，全面整治乡村业态乱象，大力实施安全住房改造项目，
深入开展农村垃圾、污水、厕所专项整治"三大革命"，促进环卫一体化建设。特别

是在 2019 年 10 月认真落实"三建四改"项目，生活污水处理覆盖率达到 100％，农村人居环境持续改善。现有公共厕所 2 座，配备有专职清洁管理人员，厕所卫生干净。

4. 减少化肥农药用量

全村建立农村人居环境整治长效机制，着重抓好农业面源污染防治。以减少化肥农药使用量为目标，以县农业农村局耕地地力评价成果和测土配方施肥技术指导为依托，普及测土配方施肥技术，大力推广配方肥、有机肥和农家肥，提高肥料利用率；以专业化统防统治、绿色防控融合和高效环保农药推广为着力点，创新防控方式，实现稳粮增收，优化生态环境和提升农产品质量，目前化肥农药用量减少幅度控制在 25％以上。同时，大水田村推行绿色节能除虫技术，安装太阳能灭虫灯 20 盏，有效防治害虫，农药用量减少幅度高于 25％。

5. 农业废弃物资源化利用及回收

大水田村大力开展生态环境保护，全村群众环境保护理念增强，对农业生产经营产生的地膜等农业废弃物均进行回收，变废为金，农业废弃物资源化利用及回收处置率达 75％以上。

6. 推进"六网"基础设施建设

大水田村不断完善基础设施，进一步推进农村道路硬化、垃圾收运中转设施设备、人畜饮水、文化广场、老年中心等基础设施建设。全面推进美丽乡村建设，投入 660 余万元，修建硬化公路 17 千米，修建 2 个文化广场并且安装文化设施、电路设施，2 个民族文化坝子及配套公共设施。在文化广场两端栽植绿化树，在公路两侧栽种桂圆树和核桃树等行道树，村容村貌"六化"在区域靠前，"六网"在居类区排名前 20％。

二、茶旅融合促宜居——麟凤村

麟凤村位于成都市蒲江县成佳镇，属于川中丘陵区，地处成佳茶乡 AAAA 级景区和石象湖 AAAA 级景区之间，面积 8.2 平方千米，辖 7 个村民小组 961 户 2 505 人，距蒲江县城 15 千米，距离成都中心城 90 千米，自来水覆盖率 100％，天然气覆盖率达 92％。全村以茶叶为主导产业，茶园面积 3 095 亩，占全村总面积的 80％。人口以散居为主。全村坚持"生态优先、绿色发展"，在实施乡村振兴战略过程中，以农村垃圾、污水处理和村容村貌提升为主线，着力改善农村人居环境，加快补齐基础设施突出短板。麟凤村是四川省乡村振兴示范村、成都市"四好村""平安村""三美示范村"。该村的主要措施有以下几条。

1. 立足"七改"，做优农村环境

以农村改水、改厕、改厨、改圈、改院、改线、改习惯的"七改"为重点，实施农村"改水"河道整治 2 000 米，新建步道 800 米，拆除圈舍 200 平方米，庭院整治

100 户，农村户厕改造全覆盖。结合农村卫生厕所改造和面源污染治理，实施 87 户厕所空间与圈舍分离工程，鼓励农户配套完善畜禽养殖、粪污处理、户用沼气等设施。结合产业融合发展，引进市场主体，引导有条件农户"圈改手工制茶区""圈改旅游接待点""圈改民宿区"等。

2. 聚焦"七化"，做美农村形态

加快实施净化、硬化、绿化、美化、亮化、文化、专职化的"七化"工程，持续优化"户分类、村收集、镇运输、县处理"的垃圾收运处置模式，不断提升垃圾收运处理能力，及时消除农村垃圾的盲点死角。在麟凤村"茶海之岛"小区及革新河一带增设垃圾分类设施设备，合理设置垃圾堆肥池 15 口，新建奥北自助投放点 1 个，小区住户每户配置分类垃圾桶共计 230 个，配置电动三轮环卫车 2 辆。依托"花开麟凤"生态示范点项目，以"整田、护林、理水、改院"为主要内容，引导村民在房前屋后、楼顶阳台上栽花，在麟凤村实施川西精品林盘保护修复工程 1 处，美化电线杆 40 根，新增沿线科普宣传标识标牌 150 个，结合茶乡研学体验游活动，引导市场主体，改善田边地角、茶林巷道基础设施，形成林在田、院在林中的林盘聚落体系。

3. 实施茶旅融合，实现产村相融

充分发挥绿道和林盘建设"引爆点"作用，使农村人居环境整治与茶旅融合发展相互促进，积极发动村民发展民宿旅游，鼓励村民创新创业，激发群众主动参与人居环境管理的热情，将麟凤村干净整洁以及得天独厚的自然资源转变为全村经济发展的增长点，让共建、共管、共享的氛围逐渐形成，干净整洁的环境又进一步带动了村里的民宿旅游，进入良性循环，目前全村发展民宿 7 家，新成立旅游合作社 1 家。

4. 坚持因地制宜，实现变废为宝

坚持因地制宜，本着生活垃圾分类减量化、资源化、无害化目标，坚持运用"户集、村收、镇运、县处置"的生活垃圾处置模式，探索推出了农村生活垃圾处理"两次四类"处置方法，实现可堆肥垃圾沤肥还田、可回收物再回收利用、有害垃圾集中无害化处置、其他垃圾统一清理处置。2018 年开展农村生活垃圾分类处置工作以来，通过党员、干部带头示范，群众积极参与，全村农村生活垃圾收集率和无害化处理率达 95% 以上，群众知晓率达 99%，垃圾减量超过 35%，农村生活垃圾分类处置已作为一项公约列入村规民约。

三、生态宜居促和谐——龙头村

龙头村地处资阳市安岳县龙台镇，位于龙台镇东北部 8 千米处，与重庆市潼南区崇龛镇两河村、桥沟村接壤，与龙台镇白水社区隔河相望，与藕塘村、桥墩村、玉池村相邻。2020 年村级建制调整时，原舒适村和龙尾村并入龙头村，合村后全村面积 9.8 平方千米，辖 14 个村民小组 1 507 户 4 383 人。有耕地 312 公顷。2014 年原龙头村与原龙尾村被列为贫困村，2016 年两村均实现整村脱贫。

近年来，龙头村紧紧围绕农民增收和生态宜居建设两大目标，狠抓生态建设、产业强村等重点工作，着力让本村村民生活更加富裕，生态环境更加美好，文化生活更加丰富，社会建设更加和谐，切实履行两项改革"后半篇"各项工作要求，充分发挥模范带头、以点带面作用。

1. 不断创新水环境治理模式

成立龙台河水环境综合治理联合党委，成立龙台河水环境综合治理志愿服务队，选定龙头村办公室作为联合党委阵地，县委组织部、发改局及龙台河沿线 9 个乡镇作为成员单位参与环境治理，每季度召开 1 次水环境治理调度会，通报龙台河治理现状和存在的问题，共同研究制定解决措施，使得龙台河水质稳定达到Ⅲ类目标。

2. 河道治理持续攻坚

清河护岸常态化，龙头村作为龙台河流域内的重要一站，坚持履行河道治理直接责任，发动党员干部、一般群众定期清理河道垃圾漂浮物，清除公路两侧杂草，组建宣传队伍普及水肥一体化、科学用药施肥、生物防治等内容，培养村民爱护水环境的意识。激发村民民主自治活力，充分发挥村规民约在村级事务中的指导作用，规范村民群众的日常行为，对焚烧秸秆、偷排污水等情况予以批评教育，积极组建精神文明歌舞团等民间机构，对治安、普法、文化等层面提供补充。

3. 推动实现绿色高效种养

实施"稻虾鱼"混合种养，规模达 115 亩，通过"稻鱼共生"模式实现田面种稻、水体养鱼，将鱼虾粪便作为水稻有机肥，构建鱼和水稻相互依存、互利共生的生态循环链，实现种养全程不使用任何化学肥料、农药，既减少了环境污染，又实现了"一田三产"的高效种养殖。

第三节　乡风文明建设典型经验

一、牢记嘱托担使命——火普村

火普村隶属于凉山彝族自治州昭觉县解放乡，彝语意为"山峰之巅"，距离昭觉县城 47 千米、西昌市区 58 千米，属于高寒山区，全村平均海拔 2 700 米，平均气温 11.8 ℃。全村辖 3 个农牧社，全村户籍人口 398 户 1 568 人，常住人口 350 户 1 351 人。全村面积 20 平方千米，其中全村耕地 4 340 亩、林地 3 256 亩、草原 9 300 亩。2018 年 2 月，习近平总书记走进火普村，对其打赢脱贫攻坚战寄予了厚望，并希望"早日听到你们的捷报"。火普村牢记嘱托，感恩奋进，2018 年底全村高质量、高标准完成脱贫摘帽任务。在脱贫攻坚与乡村振兴有效衔接阶段，火普村培育文明"新风尚"，蹄疾步稳地奔向全面小康的道路。

1. 凝聚发力引领文明新风

火普村党支部引导党员在除陋习、树新风等方面发挥先锋模范作用，通过干部带党员、党员带家支、家支带群众的方式，推进移风易俗，帮助村民转变落后思想、改变不良的餐饮习俗和卫生习惯。尤其是 2018 年与四川省农业科学院科技合作处开展"支部共建"活动以来，支部引领作用不断增强，火普村和四川省农业科学院科技合作处均获得了"四川省脱贫攻坚先进集体"称号。

2. 培育文明"新风尚"

针对昭觉彝区厚葬薄养、高价彩礼、不讲卫生等陈规陋习，火普村村"两委"探索成立"道德银行""雄鹰基金超市"，将"援建资金"变"奖金"、"慰问品"变"奖品"，通过道德积分激发群众内生动力，引导形成良好风气。过去村里大操大办、厚葬薄养、高价彩礼等陈规陋习不少，给村民们带来了沉重的经济负担，也成为脱贫的精神枷锁。如今，村里订立了村规民约，规定红白事从简操办，划定限额，建立聚餐申报和监督机制，大大减轻了村民的负担。移风易俗还体现在餐饮习俗、卫生习惯、厕所革命等多个方面。过去的一个穷乡僻壤的小山村，现在变得越来越美，甚至还吸引了不少游客。为了营造舒适宜居的生活环境，提高全村人民的生活质量，火普村积极推进新农村建设，通过开展人居环境卫生综合整治，着力改善村内生产、生活、生态环境。

3. 多措并举加强治理

一是村委领导，全民参与。村、组两级切实加强对环境卫生综合整治的领导，发挥全体村民的主体作用。二是健全机制，长效管理。集中整治与长效管理相结合，治标与治本相结合，改善环境与提高村民素质相结合，整治行动与宣传发动相结合。三是坚持"标本兼治，重在治本"的方针。检查评比小组每周对所辖公路（含村道）沿线可视范围进行检查，督促整改，不断巩固、深化环境卫生整治成果。

二、红色文化助力乡村振兴——麟凤村

麟凤村隶属于成都市蒲江县成佳镇，位于成都平原西南边缘，是中国地名文化遗产保护促进会命名的"千年古县"。红军长征时期，红 32 军征战蒲江，在成佳镇麟凤村驻留。当年的麟凤村现在已成为蒲江县 10 万亩茶叶产业的核心区。2011 年以来，麟凤村立足生态产业本底，深度挖掘红色资源，以"花开麟凤"项目为载体，全力推进农商文旅体融合发展。"花开麟凤"建设形成了红色文化助力乡村振兴新态势，通过党建引领激发群众内生动力，成立乡村旅游合作社构建运营新模式，形成了村级组织、经济组织、社会组织多元配合参与，生态场景、消费场景、生活场景等业态融合发展，旅游节会、人居环境整治、天府文化浸润等活动共同营造的良好态势。

1. 坚定初心，提振发展信心

利用"支部小课堂"和"主题党日"等活动，重温入党誓词，颂扬革命先辈事

迹，讲述"红色麟凤"故事，引导党员干部领悟初心使命。在"麟凤讲坛"设置"乡村振兴"课程，重点学习习近平总书记有关乡村振兴的重要论述和镇、村规划，凝聚共识。采取"实地察看＋微信推送"等方式，到战旗村和青杠树村等全国名村参观学习，借鉴经验做法，理清发展思路，明确工作路径。

2. 特色体验，传承优秀文化

以"人美、业美、景美"为切入点，举办"蒲江小调"田野民谣音乐会、麟凤文化故事会，举行"我穿汉服走成佳""快闪""健步走"等特色体验活动，打造游学体验基地8个，推出采茶制茶、茶文化学习传承等研学活动，以文会友、以文沁润，激发文化自信。邀请熟知当地历史文化的土专家、田秀才，讲述村里的故事、村子的前世今生，让村民熟知麟凤历史文化。

3. 红色文化进基层，增强文化底蕴

利用艺文中心、乡村剧场、中心花园等场地，开展"红色故事"分享会、"红军在麟凤"情景剧路演、"红色坝坝电影"等文化活动；依托红军墓，开展清明扫墓、缅怀先烈系列活动，感悟红军艰苦奋斗的长征精神。规划建设红色文化长廊、红色文化墙、罗炳辉将军塑像等红色点位，充分展示红色文化。常态化开放茶艺工作室、麟凤书院，开展茶道讲座、插花艺术、声乐讲座等特色培训，忆苦思甜、不忘初心，坚定高质量发展信心和决心。

第四节　乡村治理体系典型经验

一、创新基层治理模式——华山村

华山村位于巴中市平昌县土兴镇，属于川中丘陵区，距平昌县土兴镇东南4千米，距离县城7千米，面积8.3平方千米，辖10个农业合作社，有840户2903人。近年来，尤其是脱贫攻坚期间，在各级党委、政府的帮助下，华山村抢抓乡村振兴试点建设机遇，依托区位优势和便捷的交通，聚精会神谋发展、务实苦干求突破，依托华山田园综合体，全力做好乡村振兴工作，走出了一条独具特色的"华山振兴之路"，先后荣获"四川省首批乡村治理示范村""四川省实施乡村振兴战略工作示范村"等称号。

1. 创新"1334"基层治理模式

坚持以凝聚基层民心、团聚自治力量、积聚发展动能为目标，创新"1334"基层治理模式（"1"即建强一支队伍，"3"即完善"三张清单"和推进"三项创新"，"4"即健全"四大机制"），扎实开展"圆梦微心愿""四比四创"等活动，以基层治理成效聚力推动乡村振兴。每半年开展一次优秀先进示范户评选活动，先后评选出50余个"敬老孝亲示范户""爱国奉献示范户""团结邻里示范户"等。建成"华山幸福驿站"1个，给老年人一个"温馨的家"，支部定期到驿站开展支援活动，为老人打扫卫生、剪指甲等。

2. 创新开展"一站式"服务

在全县创新开展"一站式"服务，发放"华山便民服务通"卡片，开展民情呼叫、"五助"服务、送餐服务、代办服务等。创新探索构建"群众主动"摆问题、"政协带动"化纠纷、"多方联动"促和谐的"有事来协商"平台，通过发挥本村政协委员的作用，先后帮助村"两委"实现华山民宿重新开业、完成春耕生产和撂荒地整治。一是规范操作流程"三部曲"，议题确定必经征集、甄选、报审"三个步骤"；协商议事把住制定方案、调研、会商"三个环节"；成果转化确保报送、办理、跟踪"三个落实"。二是建立"二三四五"运行机制，工作定位为党政的"好帮手"、群众的"连心桥""二个目标"；落实征集民意、协商议题、协商结果"三公开"；在同级党组织领导下，做到政协委员牵头、协商有序平等、协商理性合法、协商适时有效"四个坚持"；突出村域发展规划、乡村产业振兴、乡风民俗革新、民生实事办理、决策部署"五个重点"。"有事来协商"议事室成立3个月来，立足基层协商小平台，协商为民大情怀，以常议群众的"柴米油盐"、品味群众的"苦辣酸甜"为出发点，先后就盘活华山民宿、优化产业业态、村民入股企业等开展小微二轮协商，切实做到"问计于民、协商于民、协商为民、协商惠民"。

3. 积极引导百姓向好向善

建立村民"诚信档案"，积极引导百姓向好向善，与贷款授信关联。定期开展环境大整治和感恩教育活动，积极引导村民打扫卫生，结合感恩教育和群众大会，积极引导群众感党恩、知党恩、跟党走，村庄环境基本实现干净、整洁、有序，村容村貌得到明显提升，村规民约普遍形成。

二、集体经济引领乡村治理——蟠龙村

蟠龙村位于彭州市北部，属于成都平原区，距离彭州市中心33千米，距离成都市中心66千米。村庄背靠龙门山脉西侧，海拔950～1137米，年平均气温15℃，空气优良天数320天以上，山丘坝俱全，风景秀丽，气候宜人，春赏百花夏戏水、秋宿河谷冬观雪。村庄面积8.7平方千米，分为14个村民小组，共2740人。

2019年，蟠龙村股份经济合作联合社成立，股东身份量化确定2596位集体经济组织股东，确定集体土地总面积7746.97亩，资产总额768.94万元。设计"五户联助、三级联动"人员管理模式，对闲置土地、房屋进行统筹整理，引进中国扶贫基金会（2022年更名为"中国乡村发展基金会"）、四川麋鹿品牌管理有限公司等组建社区规划师团队，规划蟠龙发展；招引"无所事事""蟠龙小院"等网红民宿落地，吸引资金达3000余万元，示范带动村域3个大型景观区建设、12个经济场景建成、6家农家乐提档升级。现有40余名村民到集体上岗就业，集体总资产突破5000万元，

集体经济年收入突破 100 万元。先后获得"全国第二批旅游重点村""四川省乡村振兴示范村""四川治理有效名村""成都市乡村振兴示范村""成都市'双百佳'示范村"等荣誉称号。

1. 人员模式——"五户联助、三级联动"

每 5 户群众家庭通过"自愿组合、相互制约、利益共享、责任共担、贡献奖励、集体履责"形式，组成"共建共享单元"，推荐一名代表作为五户联助代表，行使议事投票、上传下达、问题调处、卫生监督、产业带头"五大职能"。五户联助代表作为第一责任人实际参与到集体的发展工作中。"三级联动"即联合社理事会监事会(二级五户联助代表)、五户联助代表、户代表三个联动体系。集体又以积分奖励、评选岗位优秀、产业支持三大利益联结机制，真正实现了股东从"看客"到实际参与者的转变。

2. 合作模式——"增量分红、资源置换"

伴随蟠龙村的发展，众多合作方进驻。蟠龙村集体秉持合作共赢理念积极搭建乡村发展共融平台。经济场景(如民宿、咖啡厅)交付专业运营团队管理，收取保底租赁费用，同时"全民销售"，享受增量分红。另外运营商的发展需要过渡期，集体主动减免了大部分费用，兑换成专业团队的公益策划设计、"蟠龙课堂"授课。同时修建人才公寓，为各团队提供驻扎保障。拿出停车场两成分红作为团队共享红利，进村团队除固定场景经营收益还享受村庄发展红利。系列举措奠定了双方共融共赢的基础。自 2021 年开始，集体边做边学，新增民宿、餐饮等经济场景，学习引流、管理、运维，集体经济进一步壮大。

3. 组织架构——"三级联运体系"

如何进行资产管理、风险把控，如何契合市场规律等一直是集体经济面临的难题。蟠龙村集体在多年实践论证过程中，找到了一条合规且有效的"蟠龙路径"。2017 年蟠龙村便有了组建"集体性经济组织"的想法，成立了蟠龙村福民乡村旅游专业合作社，又以"五户联助、三级联动"人员架构体系，由最前端的 16 位代表作为股东完成工商注册，以"股份代持"的概念定义全民。2018 年，由农村发展局推动建立股份联合社工作，蟠龙村迅速完成了登记赋码工作，有了真正的集体经济组织。并且集体以专业合作社全资占股成立柴询酒店管理公司，把发展需求涉及内容悉数登记备案，集体经济组织形成了一个"三角形"体系，也就是"三级联运"体系。主体为联合社，主要负责资金进驻管理和资产管理。以联合社对合作社进行"风投"，授权资源使用或支持一定资金进行项目开发。所有出资部分坚持保底原则，由合作社进行业务划包，对内业务自主经营，对外开展业务承接、经营，合作社成了代管公司，酒店管理公司成了执行公司。2021 年建制调整改革完成，联合社完成新一轮赋码登记工作，为解决相关问题，联合社全资占股成立蟠龙游服务公司(可看作合作社和柴询酒店管理公司的结合体)统筹运作内外业务。联合社为主体、蟠龙游服务公司为子公司,所有新项目开发由蟠龙游服务公司和第三方组建新公司进行执行,新一轮的"三级联运"体系形成。

第五节 改善农村民生典型案例

一、常态化开展为民服务工作——特尔村

特尔村位于凉山彝族自治州布拖县特木里镇,属高原民族区,距布拖县西北部12千米,全村面积6.6平方千米,平均海拔2 260米,耕地面积1 910.6亩,森林面积4 929亩,草场面积3 829亩,辖5个村民小组351户1 471人。全村有劳动力678人,常年在外务工285人,其中省内务工143人、省外务工142人。其中脱贫户总劳动力236人,省外务工173人,省内务工163人。

特尔村始终坚持"服务群众、凝聚人心、促进发展"的思路,聚焦群众的"急难愁盼"问题,充分整合各类资源,与帮扶单位开展"我为群众办实事"实践活动,引导广大党员干部强化责任、履职担当、笃定实行,用真心打动群众、用实心取信群众、用知心感召群众、用暖心服务群众,切实将常态化为民服务工作做到群众心窝里。先后被评为"省级乡村治理示范村""省级'六无'平安村"。

1. 用心贴近群众增进感情,真诚倾听群众呼声愿望

特尔村驻村工作队与村"两委"经常深入群众,主动亲近群众,入户走访和村民聊家常是每天都要做的事情,入户走访既能了解村民的家庭情况,又能拉进和群众的距离,真实了解到群众想要什么、需要什么,更好地为民服务。

2. 解决群众"急难愁盼",化解民忧用心服务

特尔村驻村工作队通过入户走访、群众反映等渠道了解到2组76户村民有用电困难,用电广、线路长、负荷大造成村民家里电量弱、用电困难。第一书记迅速与电力部门进行对接,积极协调60万资金安装了变压器,不仅解决了2组76户村民的用电困难,还为特尔村乡村振兴产业发展奠定了用电基础。

3. 群众利益无小事,点点滴滴见真心

特尔村始终把为民服务摆在重要位置,以攻坚克难攻城拔寨的勇气,一项一项抓落实,一件一件办实事,牛羊生病、娃娃逃学、开具证明、产业技术指导等,驻村工作队和村"两委"都当成大事要事立办立结,秉承以"微小事"改善"大民生"的宗旨,让群众在感恩奋进的路上有更多的获得感和幸福感。

4. 全力开展环境整治,用心打造美丽乡村

特尔村以建设美丽乡村为导向,结合创建卫生城市示范村、乡村文明示范村、民族团结进步示范村等活动,开展环境整治工作,发挥村组干部与驻村工作队带头作用,每日开展环境卫生大扫除,由保洁员协同公益性岗位人员,在每周一、四开展环

境卫生集中整治，日常由驻村工作队监督环境卫生工作。在常态化的监督督促下，特尔村街道干净整洁，家庭卫生也得到了很大的改善。美丽的村容村貌、幸福美好的和谐家园，正是村民积极向上感恩奋进的生活写照。

5. 帮扶单位用真心，为民服务显成效

特尔村的帮扶单位凉山彝族自治州科学技术局全力开展帮扶工作，优中选优选派驻村第一书记，投入大量资金开展帮扶工作。为特尔村协调争取项目 3 个，立项资金 200 万元；为村民发放鸡苗 6 500 余羽、象山白鹅 2 500 余只；开展以购代捐 2 次，发放慰问物资 5 万余元；组织村民进行农村实用技术培训 16 次覆盖 800 多人次，发放宣传资料 5 000 余册，发放生活用品、肥料、种子价值 1 000 余元；带领特尔村村组干部、驻村工作队、致富带头人等 18 人次进行州外专题培训。在凉山彝族自治州科学技术局的大力帮扶下，村民提升了技能、增加了收入、获得了实惠。

6. 用心开展文化娱乐活动，展现群众精神面貌

自实施脱贫攻坚以来，特尔村人居环境大为改善，产业经济发展迅速，群众文化活动日益丰富。为切实提升农民精神风貌，提高乡村社会文明程度，焕发乡村文明气象，特尔村在第一书记的协调下，2022 年 6 月 15 日举行了特尔村首届奋进杯达体舞比赛，以比赛为平台，充分反映全面推进全村文化振兴工作取得的阶段性成果，充分展示特尔村全体村民的精神面貌，努力营造全村文化自信的良好氛围。

二、释放改革红利促增收——羊角嘴村

羊角嘴村位于南充市蓬安县巨龙镇，属于川中丘陵区，地势起伏、沟壑纵横、土壤贫瘠，人口老龄化、土地撂荒、经济空壳。2014 年以来，该村通过成立农机专业合作社发展集体经济，取得了一定成效。在 2020 年村级建制调整改革中，巨龙镇充分考虑地缘、人缘、业缘等因素，将生产形态大致相同的丰收村与羊角嘴村合并，调大羊角嘴村规模，进一步拓展了该村产业承载空间。合并后，村集体通过深化土地产权制度改革，整合两村土地、人口等要素资源，推广适度规模经营，充分释放了村级建制调整改革红利，推动了集体经济又好又快发展。2020 年，该村集体经济收入达 53 万元，被评为"全省集体经济示范村"。

1. 建强核心配强班子引领发展

2020 年，巨龙镇羊角嘴村党委以村级建制调整改革和村（社区）"两委"换届为契机，全面推行村党组织书记兼任村委会主任、村集体经济组织负责人"三职一肩挑"，从优秀本土人才中选配产业专干，增强党组织的凝聚力、战斗力；推行"党支部＋村集体经济组织＋专业合作社"的发展模式，探索出一条盘活资源、发展产业项目、特色经营促增收的新路径。

2. 整合要素提升效率保障发展

生产资料的合理高效配置是乡村产业发展的有力保障。羊角嘴村从实际出发，主

动求变、改革创新,决定改变以往分散经营的模式,将全村田土流转,由集体统一经营,实现了土地资源的高效配置,仅 2020 年就开荒 300 余亩,一举解决了人员大量外出导致的土地撂荒问题。村集体紧盯现有劳力短缺实际,大力推行农业机械化,购置大型旋耕机、稻谷烘干机、农用车等农机 60 余台,统一耕种、统一管理、统一收割、统一烘干、统一销售。同时,集体统一采购种子、农药、化肥等农资,比村民自行分散采购节省 150 元/亩,降低了农业生产成本,在解放劳动力的同时实现了人力资源和生产工具的精准配置。2020 年,在新冠疫情、经济运行下行的情况下,该村仍收获稻谷 40 多万斤,带动集体经济增收 30 余万元,户均增收 1 100 余元。

3. 创新模式多元经营促进发展

发展现代农业,必须在拓宽农业增收渠道上寻求突破。羊角嘴村集体在抓好本村生产的基础上,积极培育新的集体经济增长点,2019 年 3 月成功获得蓬安县巨龙镇、新园乡等 4 个乡镇共 6 000 亩水田的机插秧项目,收益达 59.4 万元。同时,支持培育大型养猪场 2 个,年出栏生猪 10 000 余头;引进新美农业综合开发有限公司技术,发展柑橘、中药材等产业 2 000 余亩,公司在每年支付土地流转费的基础上,将利润按照 4∶1∶5 的比例对村民、村集体、公司进行分红,进一步拓展了村民和集体的收入来源,帮助群众稳定增收致富。

三、改善基础设施服务群众——金堂村

金堂村属于资阳市安岳县,距长河源场镇 4 千米,距安岳县城 8 千米,距内遂高速长河出口 3 千米,面积 8.2 平方千米,2020 年村级建制调整时由原金堂、金银、小沟三村合并而成,原属建档立卡贫困村,全村现有 1 187 户 3 544 人,常住人口 1 230 人,外出劳动力 2 314 人。金堂村属典型浅丘地貌,交通便利,岳阳河穿村而过。

1. 提升规范化水平

金堂村"两委"始终坚持把加快基础设施建设作为乡村发展的关键,采取群众投入一点、向上争取一点、村委注入一点的"三点合力"举措,先后筹集资金近 1 000 万元,加大了基础设施建设力度,改变了村容村貌,优化了快速发展环境。积极争取专项奖金 98 万元,规范化建设完成党群服务中心、便民服务室、卫生室,硬化村办公院坝 648 平方米。

2. 夯实振兴基础

金堂村"两委"牢固树立"要想富、先修路"的理念,自 2017 年以来,通过村民积极筹资,整合各类财政资金,新建水泥道路 16.8 千米、生产生活便道 8 500 米、小板路 11 000 米,安装路灯 48 盏,安装自来水 700 余户,购买垃圾箱 60 只,新建垃圾池 5 口,新建山坪塘 5 口、蓄水池 12 口、抗旱机井 1 口、生态消纳池 18 口,建设产业园滴灌设施 1 处、排灌渠 386 米,节水灌溉设施覆盖面积达 400 余亩,有效解决

了村民出行难问题，补齐了产业发展的基础设施短板。

3. 服务群众生活

为了彻底改变信息闭塞的现状，金堂村加强与广电、电信、移动等通信部门的衔接，加快了通信设备安装建设的步伐。目前，全村的电视、电话、4G 网络信号覆盖率达 100％。实行"光伏项目＋集体经济"模式，投资 40 万元，建设村级光伏发电系统一套。

第六章 四川乡村振兴集成试点村的战略导向与主要路径

第一节 四川乡村振兴集成试点村的战略导向

经过近 4 年建设，四川省已初步构建了城乡融合发展的体制机制和政策体系，实施乡村振兴战略的工作格局基本形成，乡村振兴已取得重要进展，全面建成小康社会的目标如期实现。但同时也应看到，四川省农业大而不强、农村广而不美、农民多而不富的现实问题仍然突出，乡村仍然是四川省成为农业强省的薄弱环节，乡村振兴仍面临繁重任务。面对错综复杂的内外环境和建设农业强国的部署要求，四川省乡村振兴应立足不同区域特征，明确战略目标、落实总体要求、抓住关键因素、聚焦关键难题，全力推进乡村全面振兴。

明确战略目标。乡村振兴的目标是实现农业农村现代化，以村为基本单元加快推进农业农村现代化进程，才能逐步实现乡村振兴。要将现代化理念、现代化机制、现代化要素融入农业农村的日常生活、生产、生态、文化和治理中。要在 2025 年、2035 年和 2050 年依次达到逐步形成乡村振兴格局、基本实现农业农村现代化、全面实现农业农村现代化的阶段性目标。

落实总体要求。产业兴旺、生态宜居、乡风文明、治理有效、生活富裕是对乡村建设思路的清晰刻画，内在体现为统筹农村经济建设、政治建设、生态文明及文化建设。农村产业要更加发达和更有活力，全面创造宜居的良好生态环境，将优秀文化风俗融入乡村建设的方方面面，注重治理效果，使农民过上富足的生活。四川各村应以此为指向，创造性细化行动方案，因地制宜脚踏实地振兴当地乡村事业。

抓住关键因素。实施乡村振兴战略，要抓住"人、地、钱"三大关键因素。要培育一支精干的农业农村工作队伍，促进产业兴旺，抓好乡村治理，培育文明乡风，让乡民与市民一道追求和享受富裕文明的现代化生活。要实现土地与农村产业和农业科技的高效匹配，切实提高土地经营效率和效益，在壮大集体经济实力的同时，稳步提高农户收入。要促进公共财政和社会资源投入"三农"发展事业，使公共资源配置优先向"三农"倾斜，创造条件激励社会资本投入乡村振兴事业。

聚焦关键难题。乡村振兴的关键难题集中表现为：城乡之间发展水平差距依然较大，农业供给质量、综合效益和竞争力不高，农民增收后劲不足，农村自我发展能力较弱。在稳步推进城镇化过程中要优先发展农业农村，将工业技术力量和城镇生活的便利传播到农村，提高乡村发展水平。继续推进农业供给侧结构性改革，促进农业转型升级。要一手抓农业转移人口市民化，一手抓乡村留守农民能力提升，使乡村形成自我发展能力。

第二节　四川乡村振兴的战略目标

到 2035 年，乡村振兴在村域内取得决定性进展，农业农村现代化和农业强省的目标取得重要进展。农业产业结构明显改善，农业产业现代化基本实现；城乡要素实现合理顺畅流动与循环，城乡融合取得阶段性胜利；乡村治理体系更加完善，形成共建共治共享格局；乡村"三生"环境明显改善，农村生态资源实现合理利用；共同富裕迈出坚实步伐，城乡居民权益均等化基本实现。

到 2050 年，乡村实现全面振兴，农业强省及农业农村现代化目标均已实现，全面建成宜居宜业和美乡村，城乡居民实现共同富裕。

第三节　四川乡村振兴区域策略

未来，在深入推进乡村振兴战略的过程中，要统筹考虑区域差异、发展基础等因素，将四川省根据区位及地形条件划分为平原、盆地、山地、高原四个分区，以村为抓手，因地制宜研究制定乡村"五大振兴"的时间表、任务书和路径图。

成都平原区作为四川资源条件最好、发展环境最优的区域，乡村发展具有较好的资源、经济基础，在推进乡村振兴战略过程中，应坚持先行先试，重点围绕促进城乡融合发展，提高城镇化水平；形成产品质量高、生产效率高、产业效益高、安全生产能力强的都市型现代农业新态势；形成农民收入持续增长、生活品质明显提升、精神文化生活丰富，全生命周期需求普遍得到较高水平满足的城乡共同富裕新格局。

川中丘陵区地形与经济条件具有一定局限性，但相对于山区及高原地区也具有一定比较优势，要利用其相对优势，在保障粮食安全的基础上，积极发展经济作物；围绕区域中心城市和区域协同发展，推进城镇基础设施和公共服务向乡村延伸，基本实现城乡公共服务均等化。

盆周山地区发展条件受限，但资源总量大，后备资源较为丰富，要着力改善农业生产基本条件，发展特色农业产业；改善交通条件，提高公路等级和通车能力；充分利用自然资源开展乡村旅游风景区建设；以中心城市和集镇建设带动乡村振兴。

高原民族地区人口及自然条件较为复杂，但具有生态及资源优势，应因地制宜发展乡村特色产业，将生态优势转化为经济优势；注重民族文化传承及保护；推进民族地区治理体系建设；重点关注防止规模化返贫和促进脱贫成果与乡村振兴有效衔接。

第七章 | 四川乡村振兴的实施路径

第一节　成都平原区

成都平原区应充分发挥其区位及经济优势，勇担率先实现农业农村现代化的历史重任，大力发展都市农业，保障区域重要农产品供给；率先建成宜居乡村，打造川西平原美丽乡村典范；加速推进城乡融合，农商文旅体融合发展；率先实现共同富裕，扎实提高农民生活水平；强化改革赋能，释放区域发展红利。

一、大力发展都市农业

1. 打造更高水平"天府粮仓"核心示范区

习近平总书记来川视察时强调，成都平原自古有"天府之国"的美称，要严守耕地红线，保护好这片产粮宝地，把粮食生产抓紧抓牢，在新时代打造更高水平的"天府粮仓"。因此，成都平原作为"天府粮仓"的核心区域，在发展乡村产业过程中，要始终坚持把确保粮食安全作为"三农"工作的首要任务，严格落实粮食安全省长责任制，着力稳政策、稳面积、稳产量、稳收入，强化耕地保护，严防耕地"非农化""非粮化"，统筹抓好撂荒耕地治理，全环节、全链条、全要素抓好粮食稳产保供，千方百计提高粮食综合生产能力。强化责任落实，深挖粮食扩面潜力；推进农田建设，提升耕地利用效能；深化协同创新，提高粮食综合产能；育强经营主体，带动粮食规模生产；集成用好政策，稳定粮食生产效益，形成农田标准化、土地股份化、生产规模化、品种优质化、全程机械化、主体职业化、服务社会化、产品品牌化、管理数字化、效益多元化的新时代更高水平的"天府粮仓"。

2. 确保"菜篮子"产品供给

着力抓好叶菜类等大宗蔬菜品种生产，发展高端优质蔬菜品种，稳定"水稻＋蔬菜"水旱轮作优势区域生产基地。提升完善蔬菜生产基地基础设施，配套建设工厂化育苗中心，支持蔬菜基地配套开展产地初加工设施建设。大力推进生猪规模养殖，鼓励建设高度集约化的多层生猪规模养殖场。落实好鲜活农产品运输"绿色通道"政策。支持家庭农场、农民合作社、供销合作社、邮政快递企业、产业化龙头企业建设冷藏保鲜、仓储运输等冷链物流设施。强化产地与终端销售的对接，支持有条件的规模经营主体开展"农超""农商""农社"直采直销对接，鼓励发展社区团购、社区定制农业等新零售模式。充分利用各类电商直播平台，创新农产品原产地与消费者对口直销模式，减少渠道环节和流通成本，助力优质农产品品牌推广。安排"菜篮子"和农贸市场专项资金，重点支持"菜篮子"保供基地、益民菜市、标准化菜市场建设等。

3. 补强现代种业产业链

依托位于邛崃的天府现代种业园，在产业链前端，积极争取国家农作物分子技术育种中心等高能级研发平台在蓉布局；在产业链中端，瞄准国际国内种业20强龙头企业，吸引一批领军型育繁推一体化重大种业项目落地发展，稳定成都、德阳、眉山等市水稻、油菜制种大县（区）的生产规模；在产业链后端，持续做优天府国际种业博览会等会展品牌，搭建国际国内种业技术成果和产品交易平台，提升现代种业发展水平。依托与中国农业科学院、四川省农业科学院、四川农业大学等科研机构的农业科技合作，开展优质品种、高效生态关键技术和绿色生态种养模式的引进、示范和推广工作。

4. 推进数字农业先行先试

全面整合农业综合政务管理、农业资源信息、农业数据采集和分析、农情监测、质量安全及信息服务等系统功能，搭建农业大数据平台，促进涉农数据开放共享和互联互通、完善和提升现有涉农信息平台，深入开展农资和农产品追溯及质量安全监管信息系统、农业地理综合信息系统、农机综合指挥调度管理系统的建设和迭代更新，推进农业数字化与生产、经营、管理和服务等深度融合。以大数据、云计算、物联网、3S技术、移动互联等现代信息技术为手段，建设一批农业物联网示范园区、基地和企业，开展农业物联网应用示范重点工程建设。

二、率先建成宜居乡村

1. 强化"山水林田湖"修复

开展全域山体、河流、湿地、绿地、林地等自然生态受损情况排查，建立和完善生态修复项目库，全面修复水土流失、废弃矿场、工程创面等区域植被，种植乡土适生植物，重建植被群落，重塑生态风貌。推进河湖水系生态修复，增加水面面积和蓄水能力，提升水生态品质和水资源利用效率，构建循环连通的城市水系，提高水量保障能力、防洪安全应对能力、灌区水网调控能力，开展全域河道整治修复。强化耕地资源保护，推进天然林资源保护，加强低效林改造，严禁天然林商业性采伐，落实林地后期管护责任，营造大熊猫、金丝猴等重要物种的栖息地，充分保护林地生物多样性。推进耕地污染修复，以农用地为重点，建立土壤环境监测网络，开展农用地土壤污染状况详细调查，厘清污染面积、污染物种类、污染物分布及其对农产品质量的影响，强化对农药化肥和农膜等农用化学品使用的监督管理，有效改善与修复土壤环境。

2. 营造高品质乡村生活空间

围绕"小组微生"的美丽宜居乡村建设，合理规划和确定乡村生活基础设施规模、位置和建设标准，建立健全市县责任主体、镇村管理主体、农民受益主体"三位一体"的管护责任体系，以清单形式明确村庄公共设施管护主体、管护责任、管护方式和管护经费来源。逐步健全全民覆盖、普惠共享、城乡一体的基本公共服务体系，使农村环境生态宜居，绿色生产生活方式深入人心，农村住房既个性鲜明、富有特色又功能完善、设施完善，乡村风貌各美其美，突出乡土特色、民族风情和地域特点，农村基本具备现代生活条件，充分满足农村居民休闲、娱乐、消费等多方面需求。

3. 打造川西平原美景

构建"产田相融、城田相融、城乡一体"的新型城乡形态，在千里沃野打造"田成方、树成簇、水成网"的川西平原美景。全面梳理成都平原地区川西林盘资源，科学优化川西林盘保护修复点位布局，在保护生态本底的基础上强化对林盘的有效管控，围绕雪山、森林、温泉、古镇、田园等独特资源，构建多组团复合化的现代乡村田园景观，塑造"山水呼应、城田相融"的公园城市乡村表达空间意象。针对各个村和各个林盘的特点，将一个村当作一个景点来设计，将每个林盘当作一个小品来改造，形成一批农业衍生型、特色旅游型、文化艺术型等特色林盘，打造田园绕古镇、绿道串林盘的乡村旅游示范带，使得田园变公园、农区变景区、农品变旅品。

三、加速推进城乡融合

1. 打造全国知名乡村文创中心

深入挖掘巴蜀特色农业农村文化元素，推出创意农产品、创意景观农业、创意农业活动，打造农村民俗文创产品。依托龙门山文创产业带建设，加快推进都市现代农业、特色农业、休闲农业与文化创新融合，打造一批集农业观光、体验、科教及文化传承于一体的农文旅融合发展示范区，推出一批具有文化创意的农业产品、农业节庆和农业景观。支持农业"双创"空间、创客中心和乡村文创社区建设，培育农业创意人才、创新团队，引导农家乐等现有旅游形式提升文化品位。

2. 推进农商文旅体产业升级发展

以增强产业互动性为基础。全方位深度挖掘农业在饮食供给、文化氛围塑造、旅游产品开发、景观欣赏等旅游活动中的价值，使农业为"吃、住、行、游、购、娱"等全链条旅游要素提供有力支撑，依托休闲农业和乡村旅游发展为农产品提供展示展销平台，增强农业与休闲旅游产业的互动性、关联性。以创新业态模式为方向，深度挖掘天府文化精华，打造全国知名文创中心，建设国际旅游名城核心区和天府农耕文明重要展示区，通过线上网络渠道，打造一批知名的"艺家乐""创意村"等。

四、率先实现共同富裕

1. 用更加丰富的就业创业机会成就人

坚持以"孵化逻辑"打造成就人的郊区新城，围绕人地钱诸多要素，积极破解制约劳务资源返乡创业的瓶颈，吸引更多市场主体、优秀人才、创新创业团队到乡村投资就业。千方百计促进乡村转移劳动力稳定就业，深化与劳务用工大省的劳务协作机制，积极发布区域内重点企业、重点项目用工信息，建立覆盖广大农村的用工就业信息网络，实现乡村劳动力市场的供需匹配、精准对接，从交通便利、办证方便、技能培训、创业扶持、维权保障、社保共享、关照关怀、特殊救助等方面进一步完善农民工服务保障工作。

2. 构建联农带农、致富增收的生态价值转化机制

无论是塑造宜居宜业和美乡村形态，还是培育多元乡村消费场景，最终目的都是带动农民增收。在乡村建设中，要坚持带农、惠农、富农、兴农理念，苗景兼顾、景产兼容、三产融合，引导集体经济组织以林地、湿地等生态资源参与项目经营和产业发展，最大限度使生态资源向生态价值、投资价值、品牌价值、经济价值和社会价值转变，让农民能够足不出村当老板、做股东，在生态价值转化的过程中增收致富、实现共同富裕。

3. 探索共建共享的成都平原方案

完善优质高效的公共服务和社会保障制度，稳步提高社会保障和公共服务水平，实现基本公共服务均等化。加快建立公共服务优质共享机制，瞄准人民群众所忧所急所盼，以数字化改革推动公共服务质效提升，率先高水平实现幼有所育、学有所教、劳有所得、病有所医、老有所养、住有所居、弱有所扶。重点围绕构建15分钟公共服务圈，推动实施重大功能性项目。利用成渝地区双城经济圈，创造更多优质就业岗位，健全统筹城乡的就业公共服务体系，推动实现更加充分更高质量就业。建立健全改善城乡低收入群体等困难人员生活的政策体系和长效机制。

五、强化改革赋能

1. 深化农村集体经营性建设用地入市改革

在严守土地所有制性质不改变、耕地红线不突破、农民利益不受损的改革底线的前提下，力争在扩大入市土地范围、纵深性改革及土地入市后续监管服务等方面取得更大突破。扩大农村集体建设用地入市范围，结合农村宅基地"三权分置"改革，探索将闲置宅基地、废弃集体公益性建设用地转化为农村集体经营性建设用地入市。推进农村集体经营性建设用地入市纵深性改革突破，推进集体经营性建设用地使用权和

地上建筑物所有权房地一体、分割转让，建立集体经营性建设用地使用权转让、出租、抵押二级市场，探索利用农村集体经营性建设用地建设租赁住房。完善农村集体经营性建设用地入市配管制度，完善供地监管服务制度，加强供前约定和供后监督，研究制定集体建设用地入市土地逾期闲置情形下的处置处理办法，倒逼土地精拿细用，提升土地利用效率。

2. 突破乡村产业发展资金要素约束

完善农村金融基础设施。增进金融机构和农户、农业经营主体的双向有机衔接，扩大普惠金融覆盖面，实现农村金融供需耦合。完善"农贷通"服务平台，促进"农贷通"服务平台村村全覆盖，在供给端上，通过税收优惠、完善担保等方式，形成金融机构入驻平台的正向激励机制。创新农村金融产品与服务模式。构建农村产权抵押品的价值叠加放大机制，补齐金融短板，打通金融血脉。创新农村金融产品类型，重点是进一步拓宽可质抵押农村产权的范围，增加其种类。在开展农村集体经营性建设用地使用权、农民住房财产权、集体林权、农村承包土地经营权、集体资产股权等抵押融资的基础上，创新探索经济林木抵押、农产品仓单抵押、"承包土地的经营权＋其他抵押物"组合式抵押模式及财政直补资金账户质押贷款模式等。完善金融风险释缓与分担机制。

第二节　川中丘陵区

川中丘陵区人口较多，具有一定的区位优势及经济基础，在乡村振兴中，应以农业产业高质量发展为抓手，促进农业产业提档升级；推进公共服务均等化，加快区域基础设施建设；传承和弘扬乡村文化，以文化助力区域发展；建设"三治结合"的现代治理体系，创新乡村管理模式。

一、促进农业产业提档升级

1. 积极推进高标准农田建设

丘陵地区农田基础设施配套不完善，田间道路、灌溉等工程设施不足，局部地区水土流失易发。已经建成高标准农田面积约 2 807 万亩，占本区域耕地面积的 58.21%，未来建设任务相对较多。已经建成的高标准农田因建设时间较长，部分田间道路及其附属设施建设不完善，灌排效率较低，改造提升需求迫切。在乡村振兴建设中，应全面提升农业机械化水平，加大田块归并和坡改梯力度，建设小型水源，发展节水灌溉，理顺坡面水系，减少水土流失，有序推进高标准农田新增建设和改造提升，重点建设水稻、小麦、玉米、高粱和薯类等保障基地。

2. 创新农业产业经营方式

创新农业产业经营方式，推动农业产业经营方式与丘陵地区现代农业生产力相适应,培育壮大新型经营主体,健全完善专业化社会化服务体系。在四川丘陵地区可重点引导以下经营方式发展壮大:①龙头企业带动型。龙头企业牵头,与各类新型经营主体组建产业化联合体,通过订单、股份等,联动农户建基地、搞加工、产品牌、促增收,通过龙头企业整合综合资源,扶持骨干型企业跨阶成长,以企业促进丘陵地区农业生产标准化、规范化,推动现代农业持续健康发展。②园区带动型。围绕丘陵地区县域主导产业,建设集中连片、种养循环、绿色高效的产业基地,建设各级农业产业园区,推进丘陵地区农业综合生产能力提升,以园区设施化、融合化、绿色化和数字化发展为引领,进一步补短板、强弱项、上台阶,带动丘陵地区县域农业高质量发展。③社会化服务带动型。以丘陵县为中心,构建"县农业综合服务中心＋乡农业综合服务站＋村农民综合服务员"三级农业社会化服务体系,夯实服务基础,推动适度规模服务和经营,统筹提供农资、农机、农技以及疾病防抗、金融保险等覆盖农业生产全程的社会化服务。以农民和经营主体需求为导向,利用村集体经济组织提高农户及经营主体的组织化程度,充分调动专业化服务公司、合作社、家庭农场等主体提供各类农业生产性社会化服务,探索以全程托管为主、多环节托管为辅、土地股份合作为补充的农业社会化服务模式。

3. 构建现代农业产业体系

构建高效的现代农业产业体系是发展现代农业的关键,四川丘陵地区必须构建适应区域产业发展的现代农业产业体系。由于四川丘陵地区面积广,且在自然资源、社会经济和产业基础上存在较大差异,在产业发展中,要因地制宜、突出特色,在一定区域内形成有特色的现代农业产业专业集群。从各县、各村的实际农情出发,确定适宜本地发展的主导产业和关联产业,以主导产业发展为核心,确定农业现代产业的发展方向和重点内容,以主导产业引领相关产业融合发展,构建现代高效的农业产业体系。首先,在生产过程中,要强化科技对现代农业产业发展的支撑作用。以升级改造老旧设施为重点,强化技术装备升级改造,筛选适宜丘陵地区粮油播种、蔬菜育苗、中药材播种、果树修剪、茶叶采收、花椒果枝分离等涵盖生产全过程的小型农机具,推广小型轨道运输车,让农资进园、产品出园更加轻简省力,促进农机农艺融合发展,提升丘陵地区农业产业机械化、省力化水平。其次,在产后环节,要坚持延长产业链,着力提升农业产业综合效益。围绕丘陵地区农业产业发展的短板和特性,提高产品的商品性,做长产业发展链条,鼓励村集体经济、农民合作社、家庭农场、加工流通企业、农村电商等主体就近就地匹配发展与产业产出能力相适应的农产品初加工产业。探索场地出租、设备出租、委托加工、订单收购等多种运营模式,提高农业产业加工设备使用率,围绕农产品减损、提质、增值等生产需求,统筹推动加工设施配套、装备升级、技术更新,实现采后初加工能力新发展。最后,在产业发展中,要坚持"品牌升级",加快促进产业升级。强化丘陵地区品牌培育,大力实施"川字号"农产品品牌培育工程,积极发展"两品一标"农产品,培育旅游、康养、科教、文创、电商等深度融合发展的"川字号""农业＋"新业态品牌，将产品变成"精品"和"名品"，实现从"卖原料"到"卖品牌"的飞跃，扩大品牌影响力。

4. 推进产业深度融合

充分挖掘丘陵地区特色和比较优势，向开发农业多种功能、挖掘乡村多元价值要效益，注重产业间融合发展，增强丘陵地区农业市场竞争力和可持续发展能力。立足丘陵地区多样化的资源禀赋，根据区位条件、产业现状和市场需求，统筹产业设施配套与乡村设施，合理布局、配套完善休闲农业、农业康养、农业服务业等新产业新业态的基础设施，夯实产业融合基础。主动融入"周末经济"发展趋势，依托区域主导产业，融合农文旅教商，做精休闲农业，开发乡宿、乡游、乡食、乡购、乡娱等综合体验项目。做优农耕教育，打造农耕教育情景式教学基地，开展农事体验、农耕研学活动；发展家庭工坊，发展刺绣、编织、雕刻、陶艺等特色手工艺，制作豆制品、乳制品、酱制品、腌制品等传统食品。

二、推进公共服务均等化

城乡基本公共服务均等化的重点是保障城乡居民获得基本公共服务的权利，而不是简单的平均化，推进城乡基本公共服务均等化，要抓住其中的关键因素，从完善农村基本公共服务供给制度、增强农村基本公共服务财政保障能力、健全农村基本公共服务人才建设机制等方面着手。

1. 完善农村基本公共服务供给制度

首先，完善农村基本公共服务供给多元供给机制。为增强基本公共服务供给力量，要引导更多主体积极参与。农村义务教育发展方面，政府部门要进一步完善发展理念和发展政策，引导学校、家庭、社会企事业单位和个人积极参与教育资源供给，形成多主体参与和支持教育的格局。在医疗卫生服务供给上，引导各级公办、民营医疗服务机构和各类医疗卫生服务技术人才积极参与，不断增强农村地区医疗卫生能力。在农村养老服务供给方面，要引导公立和民营的养老服务机构、社区组织、社会企事业单位和个人在提供专业服务方面发挥积极作用。其次，建立基本公共服务资源动态优化调整机制。为提高基本公共服务资源利用率，要及时根据公共服务需要状况，对公共服务设施布局进行优化调整，避免资源闲置浪费。

2. 增强农村基本公共服务财政保障能力

丘陵地区在公共服务方面的财政支出要重点支持完善服务设施和提高服务保障水平等。补齐公共服务设施"短板"，引导和支持各类公共服务机构配备提供服务所必需的先进设施和设备。继续加强县、乡、村医疗机构标准化建设，引导和支持其根据诊疗需求配备各类先进设备，提高诊疗效率和水平。根据财力变化适当提高农村居民服务保障水平。

3. 健全农村基本公共服务人才建设机制

各类人才是基本公共服务项目的具体实施者，要多措并举不断优化农村基本公服务人才队伍，尤其要吸引更多优秀人才进入农村基本公共服务领域，建立专业、性别、年龄结构合理和综合素质较高的公共服务人才队伍，为农村居民提供专业的公共服务。首先，要完善农村基本公共服务人才招考和动态调整机制，如在农村义务教育师资队伍建设上，应鼓励和引导增加招聘当地户籍教师的比重，及时根据学生增减情况对学校教师编制进行调整，进行校际教师编制的动态调整。其次，要建立和完善优质公共服务人才资源共享机制，建立和完善相关激励和考核机制，引导优质人才流动到农村基本公共服务机构提供服务，最后，完善"互联网＋医疗""互联网＋政务服务""互联网＋教育"等服务平台建设和运行机制，发挥城市优质公共服务人才在提高农村基本公共服务质量方面的积极作用。

三、传承和弘扬乡村文化

1. 加强乡村历史文化物质遗产保护

加强对历史文化名镇名村、传统村落、历史地段、不可移动文物，革命遗址、名人故居、产业遗存、古文化遗址，具有传统风貌格局的河道水系、地貌遗迹、水利设施、宗教遗址、牌坊，古桥、古树名木等物质文化遗产的保护，保持历史文化遗产的真实性、完整性和延续性。禁止大拆大建、拆真建假、以假乱真，不破坏地形地貌、不砍老树，不破坏传统风貌，不随意改变或侵占河湖水系，不随意更改老地名。建立历史文化名镇、名村及传统村落保护制度，加大保护力度，不拆除历史建筑，不拆真遗存，不建假古董，做到按级施保、应保尽保。建立保护项目维护修缮机制，保护和培养传统工匠队伍，传承传统建筑绿色营造方式。

2. 乡村历史文化物质遗产活化利用

坚持以用促保，将历史文化和现代生活融为一体，实现永续传承。科学利用历史文化遗产，不过度开发，禁止破坏性开发。活化利用历史建筑、传统风貌建筑、工业遗产，在保持原有外观风貌、典型构件的基础上，通过加建、改建和添加设施等方式使其适应现代生产生活需要。依托历史文化名镇和历史地段建设文化展示、传统居住、特色商业、休闲体验等特定功能区，完善小城镇功能，提升小城镇活力。采用"绣花""织补"等微改造方式，增加传统村落和历史地段的公共开放空间，补足配套基础设施和公共服务设施短板，推进历史文化资源保护利用和小城镇品质提升有效结合、共同提升。

3. 保护和传承乡村非物质文化遗产

保护传统技艺、民间工艺、表演艺术、节日活动、礼仪习俗、名人逸事等非物质文化遗产及其依存的工具、实物、工艺品和文化场所等文化生态，发挥非物质文化遗产的社会功能，弘扬其当代价值。促进非物质文化遗产合理利用，推动非物质文化遗产融入现代生产生活。加强对优秀传统手工艺的保护，支持非物质文化遗产代表性传承人开展传承活动，进行创造性实践，有条件的在特色街区设置非物质文化遗产传承人工作室。积极培育非物质文化遗产体验项目，开设公益讲座等。

四、建设"三治结合"的现代治理体系

1. 完善自治的基础地位

改进和完善自治的基础地位，重点是加强村民委员会的组织建设，协调村民委员会与其他村级组织、与政府组织的关系。积极借鉴城市社区居民委员会的设置和运行经验，根据乡村的实际提出具有可操作性的建议。根据乡村的常住人口情况，积极探索将不同群体纳入村民自治范围的途径。村民委员会在乡村治理实践中，要注意将自治、法治和德治结合起来，通过制定村民委员会自治章程、村规民约等规范予以明确。

2. 发挥法治的保障功能

乡村治理各主体应当培养法治思维，运用法治方式，促进各主体协作互促。首先，以法治思维统筹认识乡村治理主体，以程序优先和客观思维贯穿乡村治理全过程，形成按程序办事的思维观念，遵循规矩，主动听取各方意见，整合各方利益诉求，实现乡村治理效果的最大化。其次，以法治方式明晰乡村治理主体的地位和功能，党的核心地位和领导作用应当在坚持政治、思想和组织领导的基础上予以增强；乡镇以上人民代表大会和人民政府应以法治方式参与到乡村治理中；进一步明晰村民委员会、村民小组、农村集体经济组织、农村合作经济组织、村委监督委员会或其他形式的村务监督机构的具体职责。

3. 强化德治的先导功能

道德规范能增强村民的认同感、归属感、责任感和荣誉感。首先，加快创新德治的载体和形式，利用"积分超市""道德银行""道德黑红榜""文明户"等具体载体和形式予以具体化。其次，进一步丰富德治的具体内容，加强对社会主义核心价值观、传统伦理等德治资源的利用，积极践行社会主义核心价值观，同时，借助村规民约、家风家训等形式，强化村民的道德观念。

4. 坚持以民为中心

村民是乡村治理的最直接参与者和最重要决定者，也是乡村治理效果的最终判断者，满足村民对美好生活的向往是乡村治理实践追求的目标。首先，重视新乡贤等乡村精英，拓展乡村精英参与乡村治理的渠道，带动德治和自治，发挥其在协调冲突、以身作则方面的正能量。其次，充分发挥普通村民在乡村治理实践中的作用，尊重村民主体地位，充分发挥村民积极性，通过各种形式向村民宣传村民是乡村治理的决定性力量，允许村民自发组织各种组织，确保组织不违反现行法律法规，并在组织实际运行中提供支持与帮助。

第三节　盆周山地区

盆周山地区发展条件受一定限制，但具有较好的资源优势，在推进乡村振兴战略中，应把握山区多样化的环境及资源优势，推进农业绿色高质量发展，形成独具特色的产业聚集区；实施小城镇品质提升行动，实现以城带乡和镇村联动；推进新时代农村精神文明建设，提升农户精神文化水平；加快推进农村基础设施提档升级，提升公共服务均等化水平。

一、推进农业绿色高质量发展

1. 科学培育和布局农业产业

在产业培育和发展的过程中，始终把资源利用和生态保护放在更加突出的位置。在传统的玉米、马铃薯、水稻产业发展过程中，做好水土保持工作，保护和建设好耕地大粮仓，藏粮于地，同时加强对农业投入品数量和质量的管控，坚持绿色生产。在养殖业发展过程中，要高度重视与种植业的复合融合发展，适度规模化，切实管控好农业面源污染问题。

2. 推进产业融合发展

利用山区多变的气候，发展特色化和差异化农业产业，研究其特点和差异性，研究进一步提升品质的技术措施，分类施策。讲好品质故事，打造品牌，实现价值，实现从数量到质量、从质量到品质、从品质到品牌的三大转变，助力乡村振兴。同时，利用和拓展农业产业功能，发挥其在自然景观中画龙点睛的作用，促进农旅融合发展，延长产业链和价值链。

3. 提高农户组织化程度

引进与培育相结合，不断提高农业组织化程度。引进、培育产业发展能力强、带动农户致富作用大、营销模式多样、市场拓展和营销能力强的大型龙头企业，紧密结合农户和村集体经济，建立合作共赢机制，不断提高产业发展组织化程度，构建产业振兴长效机制。

4. 提升科学支撑水平

首先，构建生态高值特色产业与绿色增效关键技术体系。系统研究西南山地农业资源环境要素特征，明确茶叶、水果、干果、烤烟、道地中药材、辣椒、黄姜等优势特色产业与农业资源环境要素的响应机制，为特色产业规划提供科学依据和方法。研究特色产品重要营养保健物质的形成机制，构建基于土壤改良与定向培育、品种改良、养分均衡调控、生态种植的绿色增效技术体系，提高商品性和商品率，提升品质，提高价值。其次，提高水土资源优化配置水平，高效利用雨水，有效防控季节性干旱。山地农业最突出的问题就是水土资源配置不合理，水土流失严重，季节性干旱。围绕降雨资源高效利用，开展生物、工程、农艺协同拦截技术的集成研究，防止水土流失，增加土壤水库库容，提高季节性干旱综合防控能力，提升生态功能，提高土地综合生产能力。再次，构建立体生态农业模式与关键技术体系。基于土地利用空间格局优化，利用西南地区作物多样性，构建区域立体生态农业模式和关键技术体系；充分利用光热资源，发展营养体农业，立体拦截消纳污染负荷；构建石漠化、荒漠化综合治理与绿色生态发展模式。最后，构建绿色生态种养新模式及关键技术体系。建立绿色生态、环境友好型种养新模式，开展种养循环与废弃物资源化利用技术与模式、种养结合型农作模式、稻渔耦合生态模式的集成研究与示范；阐明农作制度变化对土壤质量提升、养分转化运移及利用效率、农业面源污染阻控消纳能力和生态功能提升效应的影响，拓展农业生态功能，探索绿色高质量发展新途径。

二、实施小城镇品质提升行动

盆周山地区要充分发挥小城镇对乡村的辐射和引领作用，建设一批产业特色鲜明、形态适宜、发展水平高和示范带动作用强的特色小城镇，实现以城带乡和镇村联动。

1. 培育一批各具特色、富有活力、宜业宜居的特色小城镇

在重点开发区，重点打造一批加工制造、商贸物流、文化创意、科技教育等类型的特色小城镇，承接外溢城市功能，逐步形成为中心城市服务的配套卫星城镇。在农产品主产区，重点打造一批现代农业、农产品加工、农旅结合、商贸物流等类型的特色小城镇，提升服务农村、带动周边的功能。在重点生态功能区，重点打造一批森林观光、生态旅游、文化体验、休闲康养等类型的特色小城镇，将生态优势转化为经济优势，走可持续发展之路。

2. 增强小城镇承载能力

深入推进产镇融合发展，依托工业强县、服务业强县、农业（林业、畜牧业）强县、生态强县和信息化强县行动计划，加快发展特色优势主导产业，实现特色产业立镇强镇富镇。实施城镇基础设施改造提升工程，加强道路、供水、供气、通信、污水垃圾处理等市政基础设施及山地公园、生态湿地、绿廊绿道等生态基础设施建设。优化公共服务设施配置，统筹布局建设教育、卫生、科技、文化、商贸、体育等公共服务设施，提高公共服务质量和水平，增强人口吸引力、集聚力。

三、推进新时代农村精神文明建设

1. 加强文化设施建设

利用文化活动室、文化广场等阵地，围绕群众日益增长的美好生活需要，深化拓展主题活动，经常组织广场舞、地方戏会演、乡村民俗文化展览、农耕文化展览、群众体育比赛、文艺培训等活动，提振群众精气神。着力整合农家书屋、文化大院、乡

村礼堂、非物质文化遗产传习等阵地资源，与文化广场活动融合，带动和培养更多的乡土文化能人。推进县文化馆、图书馆在重点镇、中心镇建设分馆。整合现有党员活动室、镇中小学图书馆等文化设施，建设若干个实用且对居民开放的文化书屋。

2. 加强志愿服务队伍建设

结合盆周山地区新时代精神文明建设，成立一批涉及扶贫帮困、文明倡导、卫生环保的村级志愿服务队伍，建强服务队伍、完善服务事项、延长服务战线，以暖心服务解决好老百姓的"急难愁盼"。在农村地区积极倡导科学文明健康的生活方式，引导农民自觉遵守文明规范，围绕文明出行、文明就餐、垃圾分类、清洁家园等开展志愿服务和宣教活动。积极引导各类农户参与到志愿服务工作中，不断发掘志愿服务核心骨干，增强志愿者队伍凝聚力，持续化常态化开展各种形式的志愿服务活动，让志愿服务成为人们的行为习惯和生活方式。

3. 健全完善村规民约

民风要正，正在村规。四川盆周山地区村落要立足本地实际和传统，高度重视村规民约和村庄自治，充分发挥村民议事会、道德评议会、红白理事会等自治组织的作用，推进村域精神文明建设。坚持问题导向、正向激励和方向约束的原则，针对滥办酒席、天价彩礼、薄养厚葬、攀比炫富、铺张浪费等行为，制定有针对性的抵制和约束内容，明确指导性、标准性规范和约束性、惩戒性措施，通过在公开栏公布、显著位置张贴、微信群发布等方式扩大宣传。严格执行党员、干部婚丧事宜报备制度，持之以恒地推进乡村移风易俗工作。注重运用道德力量促进村民共同遵守村规民约，既要发挥其倡导文明新风、遏制陈规陋习的作用，也要在群众心中树立自我管理、自我约束的良好意识，使群众内心有尺度、行为有准则。

四、加快推进农村基础设施提档升级

1. 完善医疗设施布局和建设

按照"一镇一院、一村一站"要求完善基层医疗卫生机构布局。推动镇村卫生服务机构的标准化建设和一体化管理，加快小城镇卫生服务机构中医科、中药房规范化建设。鼓励社会力量参与办医，发展高水平的第三方专业机构和特色诊所。积极培育和引进执业医师或执业助理医师，注重乡镇卫生院中医执业医师队伍建设，提升基层中医药服务能力。

2. 实施农村道路畅通工程

实施"安全保障提升、快捷直连提升、服务标准提升、监管能力提升"四大工程，全面推进"四好农村路"建设，加强乡村产业路、旅游路、资源路建设，促进农村公路与乡村产业深度融合发展。积极推进具备条件的地区城市公交线路向周边重点村镇延伸，推动实现乡村客运"金通工程"全覆盖，构建更加完善的盆周山地区农村现代化交通运输体系。加强乡村道路改造维护力度，有序推进双车道公路改造、窄路基路面拓宽改造或错车道建设，加强农村道路桥梁、临水临崖和切坡填方路段安全隐患排查治理，深入推进农村公路"安全生命防护工程"。

3. 实施村级综合服务设施提升工程

整合利用各村现有设施和场地，综合配套党群服务中心、卫生室、文体活动中心、警务室等其他专项服务设施，建立村级"一站式"便民服务站，支持党务服务、基本公共服务和公共事业服务就近或线上办理。根据调整后的行政村人口结构，合理布局医疗、养老等基本公共设施，促进服务功能差异互补、服务内容衔接配套。持续推进村域全民健身场地设施补短板行动，完善农村地区健身场地设施供给，建设一批村级健身中心、多功能运动场、体育公园等各类健身设施。将应急避难场所建设纳入村庄建设规划，制定村级应急避难场所建设规范、标准，因地制宜建设农村应急避难场所。

第四节　高原民族地区

四川省高原民族地区乡村发展受经济及区域影响较大，在乡村振兴中，应充分利用生态优势，促进脱贫成果与乡村振兴有效衔接；发展绿色特色农业，促进生态优势转为经济优势；强化党建引领，突出党组织先锋带头作用；注重民族文化传承与保护，牢记嘱托担使命；推动农村居民持续增收，营造良好就业创业环境。

一、促进脱贫成果与乡村振兴有效衔接

1. 持续推进脱贫地区发展

做好相应帮扶村工作，主动作为、加强对接，深入谋划实施一批项目，在探索中积累更多新经验，切实增强高原民族地区内生发展能力。做好财政、金融、土地、人才、基础设施建设、公共服务等方面工作，增强发展能力；做好革命老区、民族地区巩固拓展脱贫攻坚成果和乡村振兴工作，建立跟踪监测机制，对乡村振兴重点帮扶县、帮扶村进行跟踪监测和定期评估。

2. 利用好定点帮扶措施

推进园区共建，立足区域发展总体战略，深化区域合作，推动东部地区产业向民族高原地区转移。继续深化与对口支援省的合作，完善人才长期合作举措。开展东西劳务协作。在稳岗拓岗、技能培训、信息交流、数据共享、责任落实、干部培训等方面加强合作，建立东西劳务协作长效机制，让帮扶变成一种资源投资，形成帮扶、脱贫、资源回报的良性循环。在保持原有对口帮扶关系基本稳定的基础上拓展省内经验，根据经济基础、财力状况、巩固脱贫任务等因素，确定省内经济和特色产业较发达的市，学习典型经验和发展思路。对中央单位定点帮扶做好干部安置、资金项目配

套等后勤服务工作。提前对接工作方案，有目标、有方法、有资源地推进帮扶工作有效开展。

3. 加强政策的有效衔接

认真落实好过渡期内各级财政衔接推进乡村振兴补助资金，分类摸清各类扶贫项目形成的资产底数，形成公益性资产、经营性资产及确权到农户或经营主体的扶贫资产3类台账，分类落实管护责任。利用好国家调整优化后的金融帮扶政策，做好同乡村振兴金融服务的有效衔接。加大对重点领域的金融资源支持，利用好调整优化后的金融产品政策。健全防止返贫动态监测和帮扶机制，完善防止返贫大数据监测平台，对脱贫不稳定户、边缘易致贫户及易返贫致贫人口，要定期监测其收入支出状况、"两不愁三保障"状况，充分发挥基层组织和工会、共青团、妇联等群团组织及社会组织的作用，快速发现易返贫致贫人口和风险点。

二、发展绿色特色农业

发展绿色生态农业，是由四川高原民族地区的自然条件和区位特点决定的，是贯彻新发展理念、推进农业供给侧结构性改革的必然要求，是加快农业农村现代化、促进农业农村可持续发展的重大举措。要节约利用资源，保护产地环境，提升生态服务功能，全力构建人与自然和谐共生的农业农村发展新格局。

1. 构建农业绿色生产体系

加快推进农牧结合，重点推行粮改饲和种养结合模式，因地制宜发展高原蔬菜、道地药材、马铃薯等农畜产品，探索打造现代山地特色种养循环产业示范基地。推动以种定养、以养促种，就地消纳，推广种养循环发展模式，建立农业绿色循环低碳生产制度，探索区域农业循环利用机制，构建养殖与种植优势互补、资源共享、良性互动的可持续产业发展方式。

2. 强化资源保护与节约利用

建立耕地轮作休耕制度。推动用地与养地相结合，集成推广绿色生产、综合治理的技术模式，对土壤污染严重、区域生态功能退化、可利用水资源匮乏等不宜连续耕作的农田实行轮作休耕。结合高标准农田建设，配套建设耕地质量监测体系，进一步完善耕地质量等级评价工作。配合推进农业水价综合改革，协同推进农业节水工作。突出农艺节水和工程节水措施，推广水肥一体化节水技术，提高农业灌溉水有效利用系数。健全生物资源保护与利用体系。强化渔业资源管控与养护，逐步实施禁渔区、禁渔期制度，科学有序组织水生生物增殖放流。实施好国家生物多样性保护重大工程，健全生物安全查验机制，有效防范外来生物入侵和物种资源丧失。

3. 加强产地环境保护与治理

加强农产品产地环境监测，划定特定农产品严格管控区域，建立健全农药包装、农膜等废弃物回收处理体系，全面推进秸秆和畜禽粪污等资源化利用。落实乡村植保员"一兵三员"职责，利用种业振兴、园区发展和全程社会化服务等项目，推广生态调控、理化诱控、生物防治、科学用药、统防统治等绿色模式。推广种养结合模式，支持规模畜禽养殖场沼气发电并网治理工程、规模养殖场畜禽粪便有机肥加工和畜禽粪便处理中心项目。推进农业面源污染治理，建设农业面源综合治理示范区，探索农业湿地与面源污染监测体系建设，加快农田氮磷流失生态拦截工程建设，推进高原湖泊流域的畜禽养殖污染治理。加强农产品产地环境监测预警，完善农产品产地环境监测体系。

4. 养护修复农业生态系统

贯彻山水田林湖草生命共同体理念，以乡镇为基本实施单元，整体推进农用地整理和乡村生态保护修复，重构田、塘、梗、丘、园、林、路等生态要素，打造种养结合、生态循环、环境优美的田园生态系统，形成绿色产品产业链。落实草原生态保护补助奖励政策，严格实施草原禁牧休牧轮牧和草畜平衡制度，防止超载过牧。加强严重退化草原治理。

三、强化党建引领

1. 坚持农村基层党组织领导核心地位

规范党组织与群团组织、经济组织、社会组织和自治组织的关系，完善党组织有效领导、其他各类组织按照法律章程开展工作的运行机制。完善村党支部工作运行规则，全面落实"四议两公开"，健全村级重要事项、重大问题由村党组织研究讨论机制。

2. 实施村党组织带头人队伍整体优化提升行动

分片区探索建立基层干部人才实训孵化基地，注重从本村致富能手、务工经商人员、大学毕业生、复员退伍军人中选拔培养村党支部书记。全面推行村党组织书记通过法定程序担任村委会主任，推行村"两委"班子成员交叉任职，提高村委会成员和村民代表中党员的比例。健全从优秀村党支部书记中选拔乡镇领导干部、考录乡镇机关公务员、招聘乡镇事业编制人员等机制。

3. 坚持把政治标准放在首位

探索入党积极分子定向培养、菜单式培训，精准调控发展党员指标，加大对违规发展党员的问责力度。发挥乡镇青年人才党支部"孵化器"作用，推动村级后备干部培育与农村家庭能人培养有机结合，建立"青年人才党支部＋青年人才服务中心"运行机制，构建把青年农民培养成能人、把能人培养成党员、把党员培养成村干部的培育链条。

四、注重民族文化传承与保护

1. 加强民族文化保护

充分挖掘物质文化遗产、非物质文化遗产等民族传统文化资源，传承发展好藏羌医药文化及藏历新年、羌历年等民族民间节庆文化。加大非物质文化遗产普查力度，做好非物质文化遗产申报工作，建立健全非物质文化遗产名录体系。继续做好代表性传承人的认定、命名工作，做好非物质文化遗产代表性传承人抢救性记录，加大传习所、传习班及生产性保护基地建设。加强非物质文化遗产知识产权保护。

2. 弘扬红色文化

抓好四川长征干部学院等红色教育基地建设，推进红军长征遗址公园建设。加强对红色文化旅游资源的保护，杜绝破坏性开发文物古迹旅游景点。划定革命文物古迹保护范围和保护级别，切实加强对各级革命文物的保护和管理。

3. 传承保护草原文化

发掘草原游牧文化、农耕文化元素、符号和故事，打造一批游牧文化、农耕文化体验基地。挖掘其中蕴含的优秀思想观念、人文精神、道德规范，保护好优秀游牧、农耕文化遗产，发挥其在凝集人心、教化群众、淳化民风中的重要作用。

五、推动农村居民持续增收

1. 提升劳动技能

以加强职业技能培训和巩固就业为目的，充分结合人文地理、交通、产业基础等，构建特色化乡村技能人才培养体系，突出实作实训和就业服务，确保有劳动力的零就业家庭动态清零。为乡村劳动者提供多元化技能培训，采取"线上＋线下"相结合的方式，面向农户批量开发主体鲜明、内容生动、形式活泼的技能培训，重点关注返乡人才、新生代劳动群体和弱势群体技能提升，推动乡村劳动力从简单重复型、低收入行业向技能型、薪酬合理行业转移，从临时短期务工岗位向长期稳定务工岗位转移，帮助转移就业劳动力实现稳岗增收。

2. 强化市场主体连带作用

坚持获得支持与落实联农带农责任相结合，产业项目通过方案、协议等约定利益联结机制，并将利益联结机制建立情况作为从项目库遴选项目的前置条件。由县级项目和资金主管部门对相关经营主体的经营状况、履约情况和联农带农效果进行跟踪，发现风险，及时采取有力措施防止违约和资产流失。

3. 发挥闲置资产效益

盘活村集体资产，壮大村集体经济。宅基地方面，稳慎推进农村宅基地制度改革，探索建立农村宅基地租赁收储开发制度，以出租、入股等形式充分活化利用闲置宅基地。建设用地方面，扩大农村集体经营性建设用地使用范围，允许有偿收回的闲置宅基地、废弃的集体公益性建设用地入市交易，促进土地要素在城乡之间自由流动。鼓励长期外出务工、进城进镇安置和无力自主经营的脱贫人口，将闲置资产交由村集体或合作社代为经营管理，实现资产收益最大化。

4. 筑牢防止脱贫人口返贫兜底防线

将有能力、有发展意愿、有发展条件作为将脱贫户纳入奖补范围的重要参考依据，及时发放耕地地力保护、农机购置、森林生态效益补偿等各项涉农政策补贴。建立健全各项保障性转移支付收入与经济社会发展水平相适应的联动增长机制，制定相关奖补政策时，将产业规模和产量的增量作为奖补的依据，从严从实开展兑付前的检查核实，增加群众发展内生动力、生产经营收入的同时增加农产品供给。

第八章 四川集成试点村高质量发展的保障机制和对策建议

第一节 加强组织领导

认真落实省负总责、市县乡抓落实的工作机制，构建责任清晰、各负其责、执行有力的乡村振兴领导体制，层层压实责任。坚持"五级书记"抓乡村振兴，全面实行市县党委、政府主要负责人和农村基层党组织书记抓乡村振兴责任制，市县党委要定期研究乡村振兴工作，县委书记主要抓"三农"工作。切实抓好村级党组织建设，建强村级党组织战斗堡垒，充分发挥农村基层党组织领导作用，大力推动乡村组织振兴。试点村所在县选派干部常驻试点村推进试点工作，选优配强试点村乡镇班子、村"两委"和驻村工作队干部队伍。统筹各方力量共同发力，集成资金、政策、项目共同支持试点村创建工作。

第二节 强化科技对乡村振兴的支撑

一是聚力优势特色产业技术创新。培育引进优质专用品种，推进农作物及畜禽育种攻关计划，开展种源关键技术、"卡脖子"技术攻关，着力提升农业品种自主创新能力。聚焦成渝现代高效特色农业带和现代农业"10＋3"产业体系建设，开展高效生产、精深加工、烘干冷链贮运、农机农艺及农产品安全检测等技术创新与集成示范，建立健全现代农业产业技术体系，为试点村乡村振兴奠定坚实基础。

二是促进农业科技成果转化推广。发挥企业成果转化的主体作用，推广专家大院等模式，组织专家团队通过挂职、蹲点等方式提供长期技术服务，加快成果中试熟化和产业化示范。培育一批龙头企业、专业合作社、家庭农场、专业大户等新型经营主体，组织相应的专家团队、涉农科技型企业与其建立稳定对接机制，将农业科技成果转化为现实生产力，促进农业增效、农民增收。培育一批综合素质高、服务能力强、运行管理规范、热爱乡村振兴工作的科技服务队伍。围绕试点村确定的主导产业，充分发挥专家和以企业为代表的新型经营主体的作用，推动先进适用科技成果的转化和推广，提升试点村产业的科技含量。

三是加强现代信息技术运用。推动云计算、大数据、物联网、人工智能、区块链等先进技术应用于农业，推广应用数字化农业装备，发展智慧农业、智慧乡村，改善乡村管理服务，提升乡镇和村为农服务的能力，提高乡村产业发展和公共服务、公共管理、公共安全保障水平。加快试点村信息基础设施建设，建强流通服务体系，推动互联网与试点村特色产业深度融合。

四是提升农业生产社会化服务水平。鼓励农业企业、农民合作社等主体创新农业社会化服务产品，推广绿色防控技术，开展机械化作业、农业废弃物资源化利用、动物疫病防控等服务，拓展产后农产品加工、仓储、冷链运输等服务，推动试点村产业发展。

第三节　强化村域人才支撑

一是充实基层干部队伍。加大基层党政人才招录力度，实施"三支一扶"计划、特岗计划、大学生志愿服务西部计划等。进行紧缺专业人才顶岗培养，每年选拔一批乡村振兴重点领域及特色产业技术骨干赴外研修培养。实施乡村治理重点领域干部人才示范培训。

二是强力招引人才。发挥企业聚才主体功能，将在推动乡村一二三产业融合发展、促进农民就业创业和增收致富等方面具有较强示范带动能力的重点企业，纳入本地人才计划，列为赴外招才引智重点支持对象。按照"缺什么、补什么"的思路，量身打造农业农村专门人才"引进清单"，引导和鼓励高校毕业生、退役军人、创业能人到乡村工作和创业。不断完善乡村人才发展体制机制，健全乡村振兴人才引进政策措施。

三是鼓励返乡下乡创业。通过多种方式鼓励和引导外流人才回归乡村，吸引优秀人才带资金、技术、项目返乡创业。遴选一批在技术推广、市场发展、产业融合、增收致富等方面起到明显示范带动作用的农村致富带头人，给予政策支持。遴选一批懂技术、有市场经营理念、有创业意愿的返乡农民工作为返乡创业明星进行培养。遴选一批乡村文化和旅游能人进行专业技能培训。引导和支持企业家和专业技能人才，通过下乡担任志愿者、投资兴业、行医办学、捐资捐物、提供法律服务等方式服务乡村振兴事业。

四是加大人才培养培训力度。把将农村实用人才队伍建设放在重要位置，培育一批带动能力强、有一技之长的"土专家""田秀才"。以政府购买服务等形式，加快培育一批有文化、懂技术、善经营、会管理的专业大户、家庭农场主、合作社带头人等高素质农民，以及从事现代农业产前产中产后经营性服务的农村信息员、农村经纪人等专业服务型农民。突出产业导向，在试点村加大农产品加工、电商和文旅等人才培训力度，发挥农民在乡村振兴中的主力军作用。开展教育、卫生、社会治理等领域的培训，培育一批公共服务人才。

第四节　健全多元投入保障机制

一是加大财政投入。持续加大公共财政对乡村振兴的投入，用好城乡建设用地增减挂钩、以工代赈、消费帮扶等政策，统筹地方可支配财力用于乡村振兴，聚力整合农业农村、水务、交通运输等部门的涉农资金，给予试点村支持，全力推进试点村产业发展和水、电、路等基础设施建设。支持特色优势农业全产业链发展，支持农业品种培优，推进建设种养产业基地，统筹发展农产品加工，推进农产品仓储物流等设施建设，推进一二三产业和农旅文产业融合发展，聚焦试点村特色优势产业示范引领。补齐农村人居环境整治和小型公益性基础设施建设短板，聚焦试点村先行先试。

二是优化金融服务。鼓励银行业金融机构逐步提高新增"10＋3"产业体系贷款在新增涉农贷款中的占比，对参与产业融合发展重点项目的经营主体加大信贷支持力度，支持其开展科技创新、标准化生产、社会化服务等。积极研究出台对农户小额信用贷款的贴息和风险补偿政策，支持银行业金融机构合理确定贷款额度、利率、期限。探索面向农业产业化联合体、新型农业经营主体、农业职业经理人等的金融创新产品和服务模式。拓展农业保险服务领域，支持创新特色农业保险产品。

三是引导社会资本投入。鼓励社会资本参与试点村发展，在取得村民和村委会支持并达成共识的前提下，在整体策划、详细设计、项目建设及运营管理等方面开展工作。推进"万企兴万村"行动，引导民营企业通过产业投资、就业扶持、商贸流通、消费帮扶、资源开发、智力支持、公益捐赠等多种方式和途径，抓好一批项目建设，因企因村因时组织实施。

第五节　强化土地利用和管理

一是推进乡村全域土地综合整治。稳定空间格局，维护"三区三线"划定成果，坚决遏制耕地"非农化"、防止"非粮化"，坚持最严格耕地保护制度。以"整村、整组、集中连片"的形式，借助乡村田水路村全要素综合整治，与产业结构调整、生产环境保护、城镇体系建设等相结合，实现土地的集中连片化整治，构建全域土地连片开发新格局。按照宜农则农、宜建则建、宜留则留、宜整则整的原则，因地制宜、因境施策，注重乡村的多样性、差异性、特殊性，统筹谋划产业发展、基础设施、公共服务、资源能源、生态环境保护等主要布局，注重对有特色的自然人文景观、文物古迹划定保护区域，尽可能在原有村庄形态上改善村民生活条件和乡村环境，形成传统田园牧歌与现代文明交织相融的新时代乡村发展形态。

二是加强对土地流转的规范管理。加强对土地流转的引导、规范和监管，推动农村土地健康有序流转。积极培育效益好、发展农业产业积极性高、有发展后劲的经营主体参与土地流转，促进土地集约化、规模化经营。强化工商资本租赁农户承包地资格审查和项目审查。定期对农业经营主体的经营能力、土地用途和风险防范能力开展监督检查。落实风险保障制度，更好地保障土地流转双方合法权益。

四川乡村振兴集成示范试点村调研情况

表1　样本村平均受教育年限分布占比情况

	成都平原区	川中丘陵区	盆周山地区	高原民族地区
≤6年	6%	5%	7%	27%
7~9年	50%	67%	44%	46%
10~12年	44%	28%	49%	27%

表2　文化基础设施占有情况

单位：个

	成都平原区	川中丘陵区	盆周山地区	高原民族地区
每1 000个常住人口拥有文化场所数量	1.50	0.98	1.04	1.29
本村图书馆/文化站个数	1.48	1.27	1.19	1.07

表3　村民进入图书馆/文化站学习频率分布占比情况

	成都平原区	川中丘陵区	盆周山地区	高原民族地区
非常频繁	5%	7%	4%	13%
比较频繁	52%	22%	27%	24%
一般	39%	64%	54%	50%
比较不频繁	4%	—	11%	13%
非常不频繁	—	7%	4%	—

表4　结婚彩礼费用分布占比情况

	成都平原区	川中丘陵区	盆周山地区	高原民族地区
<1万元	4%	11%	10%	23%
1万~3万元	9%	22%	20%	8%
3万~5万元	35%	26%	36%	—
5万~10万元	43%	33%	32%	54%
≥10万元	9%	8%	2%	15%

表 5　举办思想政治等宣传活动频率分布占比情况

	成都平原区	川中丘陵区	盆周山地区	高原民族地区
非常频繁	52%	32%	23%	60%
比较频繁	35%	46%	55%	26%
一般	9%	14%	15%	7%
比较不频繁	4%	4%	4%	—
非常不频繁	—	4%	3%	7%

表 6　基层党组织建设情况

	成都平原区	川中丘陵区	盆周山地区	高原民族地区
党员人数（人）	106	82	46	45
党员人数占比（%）	3.42	2.75	2.08	2.35
村党组织书记兼任村委会主任占比（%）	91	96	91	100
民事纠纷发生数（个/年）	2.38	7.11	2.77	3.30
村干部中大学生的人数（人）	3.62	1.33	1.55	3.10

表 7　农户对本村乡村治理满意度情况占比分布

		非常不满意	比较不满意	一般满意	比较满意	非常满意
成都平原区	政务村务公开	—	—	—	4%	96%
	法治乡村建设	—	—	—	4%	96%
	社会安全	—	—	—	4%	96%
	乡村干部廉政	—	—	—	—	100%
川中丘陵区	政务村务公开	—	—	—	7%	93%
	法治乡村建设	—	—	—	18%	82%
	社会安全	—	—	—	14%	86%
	乡村干部廉政	—	—	—	7%	93%
盆周山地区	政务村务公开	—	—	5%	28%	67%
	法治乡村建设	—	—	7%	31%	62%
	社会安全	—	—	3%	28%	69%
	乡村干部廉政	—	—	5%	22%	73%
高原民族地区	政务村务公开	—	—	—	19%	81%
	法治乡村建设	—	—	—	25%	75%
	社会安全	—	—	—	19%	81%
	乡村干部廉政	—	—	—	12%	88%

表8　农户人均纯收入分布占比情况

	成都平原区	川中丘陵区	盆周山地区	高原民族地区
<1万元	—	8%	10%	25%
1万~2万元	23%	56%	80%	50%
2万~3万元	41%	32%	4%	17%
≥3万元	36%	4%	6%	8%

表9　农户购买保险占比情况

	成都平原区	川中丘陵区	盆周山地区	高原民族地区
新型农村合作医疗参合家庭	90%	96%	98%	99%
农村养老保险参保家庭	84%	82%	71%	92%
购买农业保险的家庭	65%	50%	43%	41%

表10　农户拥有智能设备及资产占比情况

	成都平原区	川中丘陵区	盆周山地区	高原民族地区
使用有线电视户数	92%	74%	83%	92%
使用宽带户数	88%	69%	72%	67%
使用智能手机户数	95%	92%	90%	97%
拥有私家车户数	77%	38%	31%	40%

表11　样本村距离镇（乡）距离分布占比情况

	成都平原区	川中丘陵区	盆周山地区	高原民族地区
<5千米	62%	64%	34%	50%
5~10千米	17%	29%	36%	13%
10~15千米	13%	7%	19%	31%
15~20千米	4%	—	8%	6%
≥20千米	4%	—	3%	—

表12　样本村距离县（市、区）距离分布占比情况

	成都平原区	川中丘陵区	盆周山地区	高原民族地区
<10千米	17%	—	2%	19%
10~20千米	46%	14%	6%	19%
20~30千米	17%	32%	18%	6%
30~40千米	12%	32%	13%	—
≥40千米	8%	22%	61%	56%

表 13 样本村总人口数量分布占比情况

	成都平原区	川中丘陵区	盆周山地区	高原民族地区
＜1 000 人	—	3%	1%	19%
1 000～2 000 人	9%	11%	43%	37%
2 000～3 000 人	43%	32%	48%	25%
3 000～4 000 人	39%	36%	4%	13%
4 000～5 000 人	9%	18%	4%	6%

表 14 样本村外出务工人数占总人口比例分布占比情况

	成都平原区	川中丘陵区	盆周山地区	高原民族地区
＜20%	42%	7%	6%	44%
20%～40%	50%	50%	39%	50%
40%～60%	8%	36%	42%	6%
60%～80%	—	7%	9%	—
≥80%	—	—	4%	—

表 15 样本村人均耕地面积分布占比情况

	成都平原区	川中丘陵区	盆周山地区	高原民族地区
＜1 亩	29%	46%	45%	31%
1～2 亩	54%	54%	47%	19%
2～3 亩	4%	—	7%	13%
≥3 亩	13%	—	1%	37%

表 16 样本村人均山地面积分布占比情况

	成都平原区	川中丘陵区	盆周山地区	高原民族地区
＜1 亩	83%	89%	51%	67%
1～2 亩	17%	4%	27%	—
2～3 亩	—	—	12%	—
≥3 亩	—	7%	10%	33%

表 17 样本村人均林果地面积分布占比情况

	成都平原区	川中丘陵区	盆周山地区	高原民族地区
＜1 亩	63%	96%	75%	56%
1～2 亩	17%	4%	11%	—
2～3 亩	4%	—	12%	25%
≥3 亩	17%	—	2%	19%

表 18　样本村通村公路路面占比情况

	成都平原区	川中丘陵区	盆周山地区	高原民族地区
柏油	52%	8%	11%	38%
水泥	48%	92%	89%	62%

表 19　样本村村内主要道路路面占比情况

	成都平原区	川中丘陵区	盆周山地区	高原民族地区
柏油	22%	8%	6%	—
水泥	78%	92%	94%	100%

表 20　样本村科教文卫设施数量

单位：个

	成都平原区	川中丘陵区	盆周山地区	高原民族地区
百货店	2.52	3.00	6.13	7.69
卫生院	0.27	0.58	0.94	0.81
药店	1.43	1.08	2.11	1.31
体育场	1.14	0.48	0.86	0.93
老年活动中心	1.41	0.72	0.89	1.07
敬老院	0.19	0.15	0.14	0.15
幼儿园	0.41	0.42	0.60	1.38
小学	—	0.28	0.72	0.47
中学	0.05	0.27	0.11	—

表 21　样本村新型经营主体数量分布占比情况

	成都平原区	川中丘陵区	盆周山地区	高原民族地区
<5 个	34%	71%	86%	81%
5~10 个	25%	11%	11%	19%
10~15 个	29%	7%	2%	—
15~20 个	4%	4%	—	—
≥20 个	8%	7%	1%	—

表 22　样本村参与合作社户数分布占比情况

	成都平原区	川中丘陵区	盆周山地区	高原民族地区
<20%	37%	32%	72%	38%
20%~40%	13%	11%	8%	—
40%~60%	8%	14%	—	—
60%~80%	—	—	—	6%
≥80%	42%	43%	20%	56%

表 23　样本村特色农产品拥有占比情况

	成都平原区	川中丘陵区	盆周山地区	高原民族地区
否	25%	46%	53%	25%
是	75%	54%	47%	75%

表 24　样本村发展休闲农业和乡村旅游占比情况

	成都平原区	川中丘陵区	盆周山地区	高原民族地区
否	30%	79%	88%	40%
是	70%	21%	12%	60%

表 25　样本村垃圾处理占比情况

	成都平原区	川中丘陵区	盆周山地区	高原民族地区
村内露天堆放	—	—	3%	—
村内卫生填埋（无防渗）	—	—	5%	7%
村内卫生填埋（有防渗）	—	4%	8%	7%
村内小型焚烧炉处理	—	—	1%	7%
无集中收集、各家自行解决	—	11%	16%	7%
转运到城镇处理	100%	85%	67%	72%

表 26　样本村对本村生态环境满意度占比情况

	成都平原区	川中丘陵区	盆周山地区	高原民族地区
非常不满意	—	—	—	—
比较不满意	—	—	—	—
一般满意	—	4%	18%	19%
比较满意	4%	43%	34%	19%
非常满意	96%	53%	48%	62%

表 27　样本村对本村村容村貌满意度占比情况

	成都平原区	川中丘陵区	盆周山地区	高原民族地区
非常不满意	—	—	—	—
比较不满意	—	—	2%	—
一般满意	—	4%	11%	6%
比较满意	—	50%	38%	25%
非常满意	100%	46%	49%	69%

表 28　样本村对本村河流或湖泊水质情况满意度占比情况

	成都平原区	川中丘陵区	盆周山地区	高原民族地区
非常不满意	—	—	—	—
比较不满意	—	—	1%	—
一般满意	—	4%	11%	6%
比较满意	8%	53%	38%	31%
非常满意	92%	43%	50%	63%

表 29　样本村对本村周围噪声影响程度满意度占比情况

	成都平原区	川中丘陵区	盆周山地区	高原民族地区
非常不满意	—	—	—	—
比较不满意	—	4%	—	—
一般满意	4%	4%	4%	12%
比较满意	92%	28%	36%	19%
非常满意	4%	64%	60%	69%

参考文献 REFERENCES

曹斌，2018. 乡村振兴的日本实践：背景、措施与启示 ［J］. 中国农村经济（8）：117-129.

陈丹，张越，2019. 乡村振兴战略下城乡融合的逻辑、关键与路径 ［J］. 宏观经济管理（1）：57-64.

陈龙，2018. 新时代中国特色乡村振兴战略探究 ［J］. 西北农林科技大学学报（社会科学版），18（3）：55-62.

陈锡文，2018. 实施乡村振兴战略，推进农业农村现代化 ［J］. 中国农业大学学报（社会科学版），35（1）：5-12.

陈秧分，王国刚，孙炜琳，2018. 乡村振兴战略中的农业地位与农业发展 ［J］. 农业经济问题（1）：20-26.

迟福林，2017. 以高质量发展为核心目标建设现代化经济体系 ［J］. 行政管理改革（12）：4-13.

党国英，2019. 关于乡村振兴的若干重大导向性问题 ［J］. 社会科学战线（2）：172-180.

党国英，2018. 完善产权制度和要素市场化配置为乡村增活力 ［J］. 农村工作通讯（2）：50.

杜志雄，陈文胜，陆福兴，等，2022. 全面推进乡村振兴：解读中央一号文件（笔谈）［J］. 湖南师范大学社会科学学报，51（3）：10-26.

方方，李裕瑞，2022. 西部地区乡村振兴难度评价及重点帮扶县识别 ［J］. 经济地理，42（4）：8-18.

高帆，2019. 乡村振兴战略中的产业兴旺：提出逻辑与政策选择 ［J］. 南京社会科学（2）：9-18.

高强，曾恒源，殷婧钰，2021. 新时期全面推进乡村振兴的动力机制研究 ［J］. 南京农业大学学报（社会科学版），21（6）：101-110.

郭翔宇，2017. 实施乡村振兴战略 加快推进农业农村现代化 ［J］. 农业经济与管理（5）：22-24.

郭晓鸣，2018. 乡村振兴战略的若干维度观察 ［J］. 改革（3）：54-61.

郭晓鸣，张克俊，虞洪，等，2018. 实施乡村振兴战略的系统认识与道路选择 ［J］. 农村经济（1）：11-20.

郭远智，刘彦随，2021. 中国乡村发展进程与乡村振兴路径 ［J］. 地理学报，76（6）：1408-1421.

何慧丽，2012. 当代中国乡村复兴之路 ［J］. 人民论坛（31）：52-53.

贺雪峰，王文杰，2022. 乡村振兴的战略本质与实践误区 ［J］. 东南学术（3）：86-94，248.

贺雪峰，郑晓园，2022. 乡村振兴战略与明星村经验 ［J］. 贵州社会科学（12）：138-144.

贺雪峰，2018. 关于实施乡村振兴战略的几个问题［J］. 南京农业大学学报（社会科学版），18
　　（3）：19－26，152.

黄承伟，2021. 乡村振兴的时代价值［J］. 红旗文稿（23）：29－32，1.

霍学喜，刘天军，2023. 西部地区乡村振兴实施的理论逻辑与发展路径［J］. 农业经济问题（1）：
　　29－37.

姜长云，2018. 科学理解推进乡村振兴的重大战略导向［J］. 管理世界，34（4）：17－24.

姜长云，2018. 实施乡村振兴战略需努力规避几种倾向［J］. 农业经济问题（1）：8－13.

蒋和平，2017. 实施乡村振兴战略及可借鉴发展模式［J］. 农业经济与管理（6）：17－24.

蒋永穆，2018. 基于社会主要矛盾变化的乡村振兴战略：内涵及路径［J］. 社会科学辑刊（2）：
　　15－21.

蒋永穆，刘虔，2018. 新时代乡村振兴战略下的小农户发展［J］. 求索（2）：59－65.

孔祥智，2019. 实施乡村振兴战略的进展、问题与趋势［J］. 中国特色社会主义研究（1）：5－11.

李繁荣，2021. 中国乡村振兴与乡村功能优化转型［J］. 地理科学，41（12）：2158－2167.

李涛，常诗博，2022. 西部地区乡村振兴战略实施成效评价［J］. 开发研究（5）：47－57.

李铜山，2017. 论乡村振兴战略的政策底蕴［J］. 中州学刊（12）：1－6.

李长学，2018. 论乡村振兴战略的本质内涵、逻辑成因与推行路径［J］. 内蒙古社会科学（汉文
　　版），39（5）：13－18.

李周，2018. 乡村振兴战略的主要含义、实施策略和预期变化［J］. 求索（2）：44－50.

廖彩荣，陈美球，2017. 乡村振兴战略的理论逻辑、科学内涵与实现路径［J］. 农林经济管理学
　　报，16（6）：795－802.

廖成中，毛磊，翟坤周，2022. 共同富裕导向下东西部协作赋能乡村振兴：机理、模式与策略
　　［J］. 改革（10）：91－105.

刘合光，2018. 推进乡村振兴战略的关键点、发展路径与参与主体［J］. 石河子大学学报（哲学社
　　会科学版），32（1）：48－51.

刘亚男，王青，2022. 中国乡村振兴的时空格局及其影响因素［J］. 经济问题探索（9）：12－25.

刘妍，2022. 中部地区乡村振兴战略实施效果评价研究［J］. 科技和产业，22（10）：160－165.

刘彦随，周扬，李玉恒，2019. 中国乡村地域系统与乡村振兴战略［J］. 地理学报，74（12）：
　　2511－2528.

刘元胜，2023. 深刻理解中国式乡村振兴的科学内涵［J］. 思想政治工作研究（3）：18－21.

刘祖云，张诚，2018. 重构乡村共同体：乡村振兴的现实路径［J］. 甘肃社会科学（4）：42－48.

陆益龙，2018. 乡村振兴中的农业农村现代化问题［J］. 中国农业大学学报（社会科学版），
　　35（3）：48－56.

罗其友，伦闰琪，杨亚东，等，2019. 我国乡村振兴若干问题思考［J］. 中国农业资源与区划，
　　40（2）：1－7.

邱星，董帅兵，2022. 新时代的乡愁与乡村振兴［J］. 西北农林科技大学学报（社会科学版），
　　22（3）：11－22.

唐仁健，2022. 坚定不移走中国特色社会主义乡村振兴道路［J］. 农村工作通讯（7）：10－13.

唐任伍，许传通，2022. 乡村振兴推动共同富裕实现的理论逻辑、内在机理和实施路径［J］. 中国流通经济，36 (6)：10 - 17.

王复兴，2022. 全面推进乡村振兴应立足新阶段、贯彻新理念、融入新格局［J］. 乡村振兴 (2)：55 - 57.

王思斌，2022. 乡村振兴中韧性发展的经济——社会政策与共同富裕效应［J］. 探索与争鸣 (1)：110 - 118，179.

王馨，李雪其，2022. 新时代乡村振兴战略的理论透视与实践路径［J］. 东北农业大学学报 (社会科学版)，20 (5)：9 - 18.

王亚华，苏毅清，2017. 乡村振兴——中国农村发展新战略［J］. 中央社会主义学院学报 (6)：49 - 55.

王政武，郭雅玲，陈春潮，2022. 以乡村振兴促进共同富裕：逻辑内涵、现实困境与政策框架［J］. 南宁师范大学学报 (哲学社会科学版)，43 (2)：12 - 25.

魏后凯，2018. 如何走好新时代乡村振兴之路［J］. 人民论坛·学术前沿 (3)：14 - 18.

文丰安，2022. 全面实施乡村振兴战略：重要性、动力及促进机制［J］. 东岳论丛，43 (3)：5 - 15.

吴海峰，2018. 乡村产业兴旺的基本特征与实现路径研究［J］. 中州学刊 (12)：35 - 40.

吴佩芬，2021. 十九大以来我国乡村振兴战略研究综述［J］. 农业经济 (1)：38 - 40.

邢占军，杨永伟，2022. 论中国式现代化进程中的乡村振兴［J］. 中国高校社会科学 (5)：47 - 56，158.

叶敬忠，2018. 乡村振兴战略：历史沿循、总体布局与路径省思［J］. 华南师范大学学报 (社会科学版) (2)：64 - 69，191.

叶兴庆，2018. 新时代中国乡村振兴战略论纲［J］. 改革 (1)：65 - 73.

俞森，2023. 乡村振兴和新型城镇化深度融合：机理与进路［J］. 理论导刊 (2)：58 - 64.

臧杨杨，郑想，2022. 西部地区乡村振兴的县域产业发展路径选择［J］. 当代农村财经 (12)：6 - 9.

张海鹏，郜亮亮，闫坤，2018. 乡村振兴战略思想的理论渊源、主要创新和实现路径［J］. 中国农村经济 (11)：2 - 16.

张京祥，申明锐，赵晨，2014. 乡村复兴：生产主义和后生产主义下的中国乡村转型［J］. 国际城市规划，29 (5)：1 - 7.

张军，2018. 乡村价值定位与乡村振兴［J］. 中国农村经济 (1)：2 - 10.

张明皓，2022. 乡村振兴与新型城镇化的战略耦合及协同推进路径［J］. 华中农业大学学报 (社会科学版) (1)：45 - 52.

张琦，庄甲坤，李顺强，等，2022. 共同富裕目标下乡村振兴的科学内涵、内在关系与战略要点［J］. 西北大学学报 (哲学社会科学版)，52 (3)：44 - 53.

张强，张怀超，刘占芳，2018. 乡村振兴：从衰落走向复兴的战略选择［J］. 经济与管理，32 (1)：6 - 11.

张新文，张国磊，2018. 社会主要矛盾转化、乡村治理转型与乡村振兴［J］. 西北农林科技大学学报 (社会科学版)，18 (3)：63 - 71.

张英男，龙花楼，马历，等，2019. 城乡关系研究进展及其对乡村振兴的启示 [J]. 地理研究，38
（3）：578－594.

张云生，张喜红，2021. 发挥农民的主体作用 助力乡村振兴战略实施 [J]. 新疆社会科学（6）：
161－168，171.

郑风田，杨慧莲，2019. 村庄异质性与差异化乡村振兴需求 [J]. 新疆师范大学学报（哲学社会科
学版），40（1）：57－64.

钟姝，李雄，张云路，2022. 绿色发展理念引领下的乡村振兴内涵解读、实现机制和实施路径研究
[J]. 中国园林，38（6）：35－39.

钟钰，2018. 实施乡村振兴战略的科学内涵与实现路径 [J]. 新疆师范大学学报（哲学社会科学
版），39（5）：71－76.

周立，2022. 乡村振兴的中国之谜与中国道路 [J]. 江苏社会科学（3）：72－80，242.

周娜，2022. 乡村振兴视角下实现农业现代化的路径探析 [J]. 理论探讨（2）：159－164.

朱纪广，侯智星，李小建，等，2022. 中国城镇化对乡村振兴的影响效应 [J]. 经济地理，42
（3）：200－209.

朱战辉，2022. 村庄分化视角下乡村振兴实施路径研究 [J]. 云南民族大学学报（哲学社会科学
版），39（2）：112－119.

图书在版编目（CIP）数据

西南山区乡村振兴发展战略与实践路径：以四川为例／中国工程院"四川乡村振兴集成示范试点村的战略研究"课题组，刘永红等著 . —北京：中国农业出版社，2024.6

（乡村振兴集成示范战略研究成果系列／宋宝安总主编）

ISBN 978-7-109-31899-1

Ⅰ.①西… Ⅱ.①中… ②刘… Ⅲ.①山区-农村-社会主义建设-研究-四川 Ⅳ.①F327.71

中国国家版本馆 CIP 数据核字（2024）第 075294 号

中国农业出版社出版

地址：北京市朝阳区麦子店街 18 号楼
邮编：100125
责任编辑：阎莎莎
版式设计：王　晨　　责任校对：张雯婷
印刷：中农印务有限公司
版次：2024 年 6 月第 1 版
印次：2024 年 6 月北京第 1 次印刷
发行：新华书店北京发行所
开本：787mm×1092mm　1/16
印张：9
字数：181 千字
定价：68.00 元